W0045407

Manfred Adamer

Tod am Nebelhorn

Wahre Kriminalfälle
aus dem Allgäu

mal grausam,
mal makaber,
mal tragisch -
mal sogar lustig!

Verlag Tobias Dannheimer Kempten

Bibliografische Information der Deutschen Nationalbibliothek:
Die Deutsche Bibliothek verzeichnet diese Publikation in der Deutschen Natio-
nalbibliografie; Detaillierte bibliografische Daten sind im Internet über
<http://dnb.d-nb.de> abrufbar.

© Text: Manfred Adamer
© Titelbild: Ralf Lienert
© Verlag Tobias Dannheimer Kempten

ISBN: 978-3-88881-091-6

1. Auflage 2020

Alle Rechte vorbehalten, auch die des auszugsweisen Nachdrucks und der fotome-
chanischen Wiedergabe. Dies gilt insbesondere für Digitalisierung, Übersetzung,
Nachdruck, Mikroverfilmung oder vergleichbare Verfahren.

www.edele.de

Inhaltsverzeichnis

Über den Autor
Manfred Adamer

Foto: Achim Crispien

Geboren 1950, aufgewachsen und zur Schule gegangen in Kempten (Allgäu).
Eigentlicher Berufswunsch: Förster.
Dann aber 1968 Ausbildung bei der Bereitschaftspolizei in Nürnberg. Die Polizeischule in Rothenburg ob der Tauber.
Ab Juli 1971 uniformierter Beamter im „Einzeldienst" bei der Landespolizeistation Kempten Stadt bis 1976 (Einrichtung der Polizeidirektion Kempten), danach bis Januar 1982 bei der Polizeiinspektion Kempten.
Mitten in diesem Monat (überraschend) Übernahme in den Kriminaldienst.
Ab Mai Nachfolger des altersbedingt ausgeschiedenen Kollegen Paul B. beim damaligen K 3, dem Erkennungsdienst (man hatte mich gefragt, ob ich gewillt wäre..., ich hätte doch immer davon „geträumt"...).
Nach 43 Jahren (69 Tage fehlen) zum Jahr 2011 Pensionseintritt mit nicht ganz 61 Jahren (es fehlen 62 Tage).
In fast 29 Jahren bei der Kripo (hier fehlen 15 Tage) viel, vielleicht zu viel Schreckliches erlebt - doch gab es auch viel Menschliches und Lustiges...
Deshalb vielleicht die Motivation dieses Büchlein zu schreiben, welches man jederzeit beliebig fortsetzen könnte...

Vielleicht aber auch nur eine Art Vergangenheitsbewältigung...

Vorwort

Der Tod ist ein gar lust'ger Gesell, mal kommt er langsam, manchmal auch schnell!

»Lust'ger Gesell«, so wird er jedenfalls in der Geschichte »Der Brandner Kaspar und das ewig' Leben« beschrieben, die manchem vielleicht vom Film, Fernsehen oder Theater bekannt ist.
Kaspar macht den »Boindlkramer« mit einigen Gläschen Kirschgeist betrunken, als er bei ihm angeklopft hatte, um ihn zu holen, . Beim Kartenspiel bescheißt er ihn und luchst ihm so noch einige Lebensjährchen ab.
Nun, im wirklichen Leben funktioniert das nicht!
Er, der Tod lässt sich nicht aufhalten. Er ereilt einen jeden von uns, früher oder später. Manchmal ist er dabei gnädig, manchmal aber brutal, äußerst brutal!

Mit diesem Zeitgenossen, dem wir daher alle einmal - erwartet oder unerwartet - begegnen werden, hat es tagtäglich, Jahr aus Jahr ein, eine gewisse Spezies von Kriminalbeamten zu tun.
Es sind sowohl die Beamten der Mordkommsisson als auch die der Erkennungsdienste. Oft keine leichte Aufgabe - aber auch sie muss getan werden!

Es gibt genug schreckliche und widerliche Fälle. Doch es gibt auch das Tagesgeschäft und so ist auch ein Schmunzeln, manchmal sogar ein Lächeln erlaubt...

Die geschilderten Fälle sind nicht frei erfunden. Lediglich Namen von Personen oder von Orten wurden von mir geändert oder abgewandelt, doch im Grunde entsprechen die Geschichten, auch wenn man manches nicht glauben mag oder sogar vielleicht nicht kann, allesamt im Großen und Ganzen der Wahrheit!

Was erwartet nun den Leser?

Wer die ganz »großen« Kriminalfälle erwartet, wird enttäuscht sein.
Aber wir sind halt in der »Provinz« und nicht in der Großstadt und
Moosmayrs und Sedlhammers gibt es hier auch nicht so viele.
Doch - einen solchen Fall gibt es. Es ist der des Krankenpflegers…, wenn
er auch von vorneherein nicht prominent war.

Aber das richtige Leben mit sämtlichen Höhen und Tiefen - und somit
mit den gleichen Grausamkeiten und Schicksalen spielt sich ganz gleich
auch bei den „Normalsterblichen" ab.
Und wo liegt der Unterschied? Prominent oder nicht?
Schlussendlich ereilt jeden sein eigenes Schicksal und es bewahrheitet
sich auch: ,homo homini lupus est'!

Aber lesen Sie selbst!

In diesem Sinne wünsche ich Ihnen ein „leichtes Gruseln" und trotzdem
oder vor allem beim Lesen viel Spaß!

Manfred Adamer im Oktober 2020

Net scho wieder a Leich

- ein Schicksal...

Hochsommer, ein Telefon klingelt...
Nicht irgendeines - nein, es steht auf einem Schreibtisch, und zwar dem des Wachhabenden einer Polizeidienststelle. In diesem Fall in der Polizeiinspektion oder PI Marktoberdorf im Ostallgäu.
Gelangweilt und auch etwas genervt hebt der Beamte ab. Bisher hatte er die Arbeit, die er als Dienstgruppenleiter routinemäßig zu verrichten hat, fast ohne Unterbrechung erledigen können. Nur ein unbedeutender Verkehrsunfall ohne Verletzte. „Einer" war einer „Anderen" „draufgefahren". Und ein Ladendiebstahl hatte die Routine unterbrochen.
Jetzt zeigt die Uhr drei Minuten nach vier Uhr nachmittags. Noch sind es 57 Minuten bis zu seinem von ihm geplanten vorgezogenen Dienstende um 17 Uhr. Es ist heiß an diesem Tag: Es ist Sommer und er würde gerne noch mit der Familie an den Badesee fahren.
Doch noch ist es nicht soweit. Zwangsläufig nimmt er daher das Gespräch entgegen. Wer denn der Anrufer wäre, wo dieser wohne und vor allem was sein Anliegen sei und was denn überhaupt passiert wäre, will er wissen. Der Anrufer, Besitzer eines Einfamilienhauses in einer beschaulichen Neubausiedlung eines Nachbardorfs der Stadt, will eine lapidare Vermisstenmeldung erstatten:

»Also - es folgt eine kurze Verschnaufpause - das ist so: Wir haben da einen Untermieter. Dieser wohnt, sinnigerweise, seit einigen Jahren oben, das heißt also, er wohnt in unserer Dachwohnung. Der Mann ist so Mitte 40, das Geburtsdatum weiß ich jetzt nicht, ich müsste es erst in den Mietunterlagen heraussuchen; alleinstehend, fest angestellt, regelmäßiges Einkommen...«
Es folgt ein Schlucken.

»...Die Miete wird auf jeden Fall immer pünktlich zum ersten des Monats überwiesen; der Mann ist völlig unauffällig und zuverlässig und...
- wieder Schlucken -
...wir haben einen ganz normalen Kontakt zu ihm, wie man ihn halt so hat...
- wieder Verschnaufpause -
...wir können den Mann nicht erreichen, das heißt, er ist verschwunden! Soviel wir wissen hat er keinen Urlaub und krank geschrieben ist er auch nicht. Er hätte heute eigentlich in seiner Firma sein müssen. War er aber offensichtlich nicht...! Vor kurzem hat deshalb das Personalbüro der Firma bei uns angerufen. Die machen da so irgendwie etwas mit Computern. Sie hätten „ihren" Mann nicht telefonisch erreicht. Daher...«

Eigentlich ein wenn auch nicht unbedingt für das Ostallgäu - man ist ja nicht in der Großstadt - alltäglicher Vorfall.

Menschen - ob jung oder alt - verschwinden manchmal aus unterschiedlichsten Gründen.
Die Gründe? Meist völlig harmlos, doch vielfältig:
Die einen gehen »nur« mal kurz Zigarettenholen, andere... Jugendliche, die meisten junge Mädchen bzw. Frauen (seltener Männer) brennen, mit wem auch immer, durch. Andere streunen nur einmal einfach so und wiederum andere? Kurz gesagt: Handelt es sich bei der oder dem Verschwundenen um einen Volljährigen, geht dies die Polizei und somit auch die Öffentlichkeit, sie erfährt ja auch nichts davon, nichts an.
Ein erwachsener Mensch kann schließlich tun und lassen was er will - solange er anderen nicht schadet.
Bei Kindern und Jugendlichen, die naturgemäß nicht selbst über ihren Aufenthalt bestimmen dürfen, oder Erwachsenen, die alters- oder krankheitsbedingt dies nicht mehr selbst können, ist das selbstverständlich etwas ganz anderes! Gleiches gilt aber auch, wenn letztere, also Erwachsene, plötzlich von der „Bildfläche" verschwinden und sich quasi ohne den geringsten erkennbaren Anlass einfach in „Luft auflösen".

Sind Kinder und Jugendliche betroffen, werden obligatorisch Ermittlungen zu Aufenthalt bzw. Verbleib aufgenommen. Bei Erwachsenen, sollten sich Anhaltspunkte für das Vorliegen eines Unglückfalls oder gar einer Straftat ergeben, gilt dies auch.

Die meisten Verschwundenen tauchen aber bald wieder auf - tot oder lebendig.

Bei anderen dauert es Jahre - auch tot oder lebendig.

Andere werden nie wiedergefunden.

Wie ist es in diesem Fall? Hätte der Mann Gründe gehabt, zu verschwinden? Wo ist er also? Ist ihm eventuell etwas zugestoßen?

»Der Anruf des Büros wegen des Fehlens unseres Mieters in seiner Firma hat uns nun doch etwas beunruhigt. Wir waren vorhin ja auch oben und haben geklingelt. Es hat sich aber niemand gerührt und geöffnet... Und dann ist da noch etwas... - wieder Verschnaufpause -

...schon am Abend und auch in der Nacht - ja - haben wir, das heißt meine Frau und ich, Verdächtiges wahrgenommen - und daher nun die Vermisstenmeldung... Ein Rumpeln und manchmal auch eine Art Krachen war es. Ebenso Stimmen, nein, mehr Laute wie bei einem Streit und Geräusche wie bei einer Schlägerei über unseren Köpfen haben wir gehört. Aus Angst, etwas Falsches zu tun haben wir uns aber nicht getraut bei der Polizei anzurufen... Und dann, dann - ist ja auch plötzlich Ruhe eingetreten und wir sind eingeschlafen...«

Nachfrage durch den Beamten:

»Nein, auf die Uhr geschaut haben wir natürlich nicht..., wir waren froh, dass Ruhe war!«

Ein leider typisches, weit verbreitetes und alltägliches Verhalten: Solange mir niemand direkt an den Kragen gehen will, halte ich mich am besten aus allem heraus...

Sich einmischen könnte ja am Schluss Ärger bedeuten:

Zunächst Ärger mit dem Gegenüber, dann Ärger mit den Behörden, damit auch mit der Polizei, Ärger mit der Presse. Und dann stünde man in der Öffentlichkeit...

Vorweggenommen: Im vorliegenden Fall wäre der Ausgang der Geschichte, trotz sofortiger Verständigung der Polizei und damit Auslösung der Kette Rettungsleitstelle, Notarzt, schlussendlich der gleich dramatische gewesen, wie sich später zeigen sollte - doch ich will nicht vorgreifen... Aber - wer will sich anmaßen, solches im Vorhinein zu wissen?

Immer noch gelangweilt und ein bisschen genervt notiert der Beamte nun Name und Anschrift des Anrufers, hält dann zunächst Rücksprache mit seinem Vorgesetzten und dieser mit der Einsatzzentrale (EZ) der Polizeidirektion in Kempten. Der dort diensthabende EZ-Leiter erlässt die Anweisung zur Entsendung eines Streifenwagens zum Einsatzort. Sofort wird eine Streifenbesatzung der Polizeiinspektion Marktoberdorf nach ... beordert.

Ohne »Musik«, d.h. ohne eingeschaltetes Blaulicht und ohne Martinshorn rollt der Polizeiwagen langsam in die Siedlung ein. Es liegt hier schließlich kein akuter Notfall vor. Der Mann fehlt ja schon...

Die Beamten steigen aus und gehen auf das Haus mit der ihnen angegebenen Adresse zu. Dort werden sie bereits erwartet.

Wachsamen Nachbarn entgeht (einerseits ja gut - andererseits...?) dies natürlich nicht:

»Hand'r scho g'seah, bei de Nochbaura schtoht d'Polizei vor da Tiar! Dia „Grüna" hand sich doch no nia in da Siedlung seaha lau!«

Und natürlich wird sofort gemunkelt und es werden die wildesten Theorien, wie:

»Do wird doch it...!? - Dia werat doch it...?!« aufgestellt.

Die »Nochbaura« verschwinden mit den Polizisten im Haus. Ab diesem Zeitpunkt haben die Nachbarn zunächst einmal Sende- bzw. Empfangspause.

Beim Einsatzort für die Beamten handelt es sich um ein Einfamilienhaus mit ausgebautem Dachgeschoss - relativ neu und daher, wie man so schön sagt, gut in Schuss. Sie, die Eigentümer, wohnen im Erdgeschoss, und natürlich haben die Hausleute den Schlüssel zur Wohnung im Dach. Diesen lassen sich die Polizisten aushändigen. Den Vermietern wird der Zutritt verwehrt. Sie versichern, außer dass sie kurz vor dem Anruf bei der Polizei zum Klingeln oben waren, schon über zwei Wochen nicht mehr oben gewesen zu sein. Sie sollen sich in ihrer Wohnung zur weiteren Verfügung halten.

Die Beamten lassen sich noch Anzahl und Lage der Zimmer beschreiben und wollen auch das eine oder andere, was für sie nützlich sein könnte, wissen. Sind Vorlieben des Mieters bekannt, hatte er öfter Gäste, und wenn, kennen sie jemanden von diesen?

Dann begeben sie sich ins Dachgeschoss und öffnen die Türe. Dabei stellen sie fest, dass diese nicht versperrt, sondern nur ins Schloss gezogen ist.

Sie betreten die Wohnung. Die Türe ziehen sie hinter sich auch nur ins Schloss. Einer bleibt dort stehen. Er zieht seine Pistole aus dem Holster und sichert den Kollegen: Man kann ja nie wissen, was einen in einer unbekannten Wohnung erwartet! Der zweite, ein gebürtiger Allgäuer, wagt sich absprachegemäß vor. Er macht sich bemerkbar mit Rufen wie: »*Hallo, Polizei, isch do wer?*«

Keine Antwort.

Die Wohnung zeigt sich wie von den Hausleuten beschrieben:

Ein sich fast auf das ganze Geschoss erstreckender Wohn- und Essbereich mit Küchenzeile. Eine Türe führt zu einem kleinen Bad mit WC. Im gesamten einsehbaren Bereich mehrere umgeworfene oder umgefallene Stühle, ein schmales Regal, eine Stehlampe und Zimmerpflanzen, deren Erde und Granulat am Boden verstreut ist. Ebenso verhält es sich mit anderen Dingen, Büchern, Papieren oder auch Geschirr. Ursprünglich standen sie wohl auf dem Esstisch oder waren im Regal beziehungsweise auf sonstigen Möbelstücken gelegen.

Der vorgehende Beamte stellt weiter fest:

Die umgestürzte Stehlampe - es ist ja noch taghell - ist eingeschaltet. Die Glühbirne »brennt« also - und sogar aus dem Radio ertönt Musik. Dann, als er sich der offenstehenden Schlafzimmertüre nähert, macht er eine selbst für ihn nicht alltägliche Entdeckung, obwohl er nun schon viele Jahre im Polizeidienst tätig ist.

Er erschrickt, obwohl er eigentlich innerlich darauf vorbereitet ist: Ein menschlicher Körper, nackt, augenscheinlich ein Mann, liegt bäuchlings über einem Wäschekorb. Die Beine Richtung Türe, die Arme nach vorne gestreckt, der Kopf, Gesicht nach unten, unter dem dort stehenden Bett. Vorsichtig nähert sich der Beamte und spricht den Mann zunächst leise, dann etwas forscher an:

»*Hallo, goht's Ihna it guat? Kann i Ihna irgendwia helfa?*«,

bekommt aber auch jetzt keine Antwort.

Soweit er erkennen kann, weist der Körper nur geringe Verletzungen auf. Seiner Meinung nach sind dies nur sogenannte »blaue Flecken« und oberflächliche Hautschürfungen. Er berührt den Körper kurz an der Schulter und erschrickt noch mehr. Die Haut dieses Menschen fühlt sich kalt an! Das Zeichen für ihn, dass hier jegliche Hilfe zu spät kommt. Ein Toter liegt vor ihm!

Der Polizist ruft seinem Kollegen an der Türe zu:

»*Scheiße, der isch fei dot - s'Beschte wird sei, mir land alles wia's isch - i komm zu dir!*«

Damit reagieren die beiden vorbildlich! Sie verlassen die Wohnung, ohne etwas verändert zu haben, versperren jetzt die Türe und »erheben« den Einsatzort, aus ihrer Sicht, nun zu einem möglichen Tatort:

»*Vielleicht hot den ja oiner umbrocht, so wia's do herinnen ausschaut?!*«

Zunächst melden sie ihren Fund mittels ihres mitgeführten Handfunkgeräts der Heimdienststelle. Von dort wird die Einsatzzentrale in Kenntnis gesetzt:

»*Wir hand do a Leich, nackad.*

Ja, ja, i woiß scho- net scho wieder a Leich!

Was? D'Verständigung isch schlecht!

Ha? Jetzt goht's meh.

Ha? Ihr hand uns doch hig'schickt?!
Na, wer des isch wissat mir natürlich no it, der hot ja it sein Ausweis auf'm
Ar... liega!
Mir brauchat jetzt d'Kripo und, so wia's do hinna aussiaht, au da ED!«

Mit ED ist der Erkennungsdienst gemeint. Die Einsatzzentrale - EZ - bestätigt das Übermittelte. Es ist nun bereits 17:20 Uhr. Damit wird ein in diesen Fällen übliches Prozedere in Gang gesetzt: Zunächst werden die beiden noch auf der Dienststelle der Kriminalpolizeiinspektion Kempten anwesenden Kollegen verständigt. Sie sind die eingeteilten Kriminalbeamten vom Dienst, die sogenannten KBvD'ler.

Bisher hatte es für die beiden noch keinen Anlass zum Ausrücken gegeben und so fahren sie direkt zum vermeintlichen Tatort.

Doch in solchen Fällen reicht eine Besatzung der Kripo nicht aus. Nun müssen weitere Teams aufgestellt werden.

Eine einzelne Besatzung kann eine solche Aufgabe - hier handelt es sich ja eventuell um ein Kapitalverbrechen - nicht bewältigen.

Jetzt wählen sich die Beamten der Einsatzzentrale die Finger wund, um bereits zu Hause angekommene und damit unmittelbar erreichbare Kollegen zu rekrutieren.

Deren Aufträge werden sein:

- Erneute Befragung, bzw. konkrete Vernehmung der Anrufer, also der Hauseigentümer - Erkundigungen an der Arbeitsstelle des Vermissten (noch niemand kann zu diesem Zeitpunkt wissen, ob es sich bei dem Toten tatsächlich um den »vermisst gemeldeten« handelt).

- Die Nachbarschaftsbefragung, d.h. wer kennt den Verschwundenen überhaupt? Wie gut, und wer weiß etwas Besonderes über ihn? Herauszufinden, wer seine Freunde und Bekannten sind.

- Herauszufinden wer etwas über seinen sonstigen Umgang sagen kann.

- Herauszufinden, wer sonstige sachdienliche Angaben machen könnte.

- Herauszufinden, wer etc.

»Wann haben sie Ihren Mieter denn zuletzt lebend gesehen?«
So oder ähnlich wird eine der von den Beamten gestellten Fragen lauten.
Auch ich wurde damals - nun bin ich schon neun Jahre in Pension - rekrutiert.
Als damaliger Beamter des Erkennungsdienstes wurde auch ich zu Hause erwischt und somit in den Dienst gesetzt.
Wer mit dem Begriff »Erkennungsdienst« nichts anzufangen weiß:
ED'ler, also Erkennungsdienstler, sind diejenigen Menschen, die nach entsprechenden Ereignissen wie Mord und Totschlag, Raubüberfällen oder ähnlich gravierenden Delikten ihre Arbeit tun müssen und manchmal in den Nachrichten oder aber auch in entsprechenden Kriminalfilmen zu sehen sind.
»Maskiert« mit Mundschutz, latexhandschuhbewehrt, in weißen Ganzkörperanzügen steckend, haben sie dort ihre Auftritte. Doch alles hat seinen Sinn.
Ich esse noch einen Happen, mache mich dann auf den Weg zur Dienststelle und fahre von dort mit unserem Tatort-Kombi zur PI Marktoberdorf.
Man informiert sich: Hat sich seit 16 Uhr etwas Neues ergeben? Dann erst fährt man zum Tatort.
Die Hauptaufgabe für den ED'ler: Dokumentation des selbigen in Bild und Wort und Sicherung eventuell vorhandener tatrelevanter Spuren.
Letzteres bedeutet (denn niemand kann zu diesem Zeitpunkt definitiv sagen, was wirklich Fakt ist), dass alle Spuren, ob sie später be- oder entlastend sein mögen, beweiskräftig und damit gerichtsrelevant zu sichern sind. Sie müssen auf jeden Fall einem oder vielleicht mehreren möglichen Beschuldigten und damit dann vielleicht einem oder mehreren späteren Angeklagten zugeordnet werden können. Für einen ED'ler wie mich hieß dies immer:
Eigene Gedanken, man ist auch nur Mensch, haben an einem sogenannten Tatort auf jeden Fall zunächst nichts zu suchen und müssen draußen bleiben.

Heißt: Man muss frei von jeglichen vorgefassten Meinungen sein - wie sie auch immer entstanden sein mögen.

Nicht ganz einfach, doch...

Alles Erhobene, ob bereits vorliegende Fakten, beginnend bei der Mitteilung, alles, was daraus resultiert, muss mehr als neutral bewertet werden.

Die jahrelange Erfahrung zeigt, dass sich zwei Stunden nach Bekanntwerden eines Ereignisses dem Betrachter ein völlig anderes Bild bieten kann, als es sich demjenigen, der zuerst da war, geboten hatte.

In diesem Fall war das, wie beschrieben, nicht ganz so. Doch hatte es hier auch keinen Notarzteinsatz gegeben. Oft unausweichlich, denn die Rettung eines Menschenlebens geht allem anderen voran. Ein solcher Einsatz führt durch die dabei Beteiligten wie Arzt, Sanitäter, Polizeibeamte, zwangsläufig - dies soll überhaupt kein Vorwurf sein - zu Veränderungen eines Tatorts.

Wie gesagt: Hier war dies nicht der Fall.

Doch es gibt auch andere Beispiele (wie später speziell in einem anderen Fall zu lesen sein wird). Nochmals: Die Kollegen der PI Marktoberdorf hatten optimal gehandelt. Aber auch in diesem Fall gibt es Neues:

Die 16-jährige bei den Eltern im Haus wohnende Tochter war nach Hause gekommen. Bei ihrer Befragung, ob ihr seit dem letzten Nachmittag irgendetwas im Haus aufgefallen wäre, gab sie an:

»Ja, da war etwas. Als ich gestern, wie immer am späteren Nachmittag, so wie heute, heimgekommen bin. Wie ich aufgesperrt hatte und bei uns unten im kleinen Flur, gleich nach der Haustüre stand, sah ich oben im Treppenhaus, also hinter dem Geländer, vor der geöffneten Türe der Dachwohnung einen mir völlig fremden Mann!«

Und weiter:

»Ich bin richtig erschrocken. Der Mann - der mir also völlig unbekannt gewesen ist - war, zumindest am Oberkörper - unbekleidet, also oben herum nackt!«

Und: Der Mann wäre, als sie ihn offenbar bemerkt hatte, sofort wieder in der Wohnung verschwunden! Ihren Eltern habe sie nichts davon erzählt. Auf eine entsprechende Frage antwortete sie:
»Ja, ein Rumpeln nachts habe ich auch gehört.«

Und schon kochen weitere Spekulationen hoch:
Könnte es sein, dass der Untermieter - heutzutage muss man fast mit der Wortwahl aufpassen - vielleicht nicht „hetero"...- sondern „..." war? Hatte der in der vergangenen Nacht vielleicht einen „Lover" in seiner Wohnung? War es mit diesem eventuell zum Streit - warum auch immer (alles schon erlebt) - gekommen? Und so weiter und so fort...
Auch den Kriminalern kommen diese Gerüchte natürlich zu Ohren. Erfährt man solche, können diese natürlich dann nicht einfach so beiseitegeschoben werden. In der sogenannten Königsdiziplin der Kripo muss in alle Richtungen ermittelt werden.
Unausweichlich und nicht verwerflich, auch wenn dies für manche Zeugen unter Umständen zu peinlichen Fragen führen könnte. Doch nun zum Tatort! Was gibt ein solcher denn her?
Manchmal »ertrinkt« man buchstäblich in Spuren jeglicher Art. Es gibt aber auch Fälle, bei denen augenscheinlich eher wenig und manchmal fast gar nichts zu sehen ist. Aber auch dann finden sich meist winzigste Indizien, die einen Verdächtigen überführen könnten.
Es ist die sprichwörtliche Suche nach der Stecknadel im Heuhaufen.
Ob die gesicherten Spuren, wenn ein Tatverdächtiger hartnäckig schweigt, zu einer Anklage und damit möglichen Gerichtsverfahren ausreichen, ist aber oft fraglich. Im vorliegenden Fall gibt es aber eine Leiche!
Und solche »sprechen«! Wenn auch nicht mit Worten, doch...
Bewaffnet mit Diktiergerät, Fotoapparat und Meterstab mache ich mich an die Arbeit, die Dokumentation:
»Heute ist: Wochentag, der... - Monat - Jahr; es ist so-und-so-viel Uhr; Wetter: sonnig bis leicht bewölkt; Außentemperatur: 24,3° Celsius (vorher schon mit Blick auf das Thermometer festgestellt).

Ich befinde mich in der So-und-so-Straße vor dem Haus Nr. So-und-so in...
im Landkreis Ostallgäu.
Dort war durch die Polizeibeamten Polizeikommissar XY und Polizeihaupt-
meister YX, beide PI Marktoberdorf, laut deren Aussagen um 16:41 Uhr in der
Dachgeschosswohnung eine augenscheinlich männliche Leiche aufgefunden
worden.
Zur Vorgeschichte:
Bei dieser könnte es sich um den von den Hauseigentümern, dem Ehepaar
So-und-so, um 16:03 Uhr telefonisch bei der PI Marktoberdorf als vermisst
gemeldeten Untermieter Franz Meier, 42 Jahre alt, handeln. Dieser ist am
- Datum - angeblich nicht an seiner Arbeitsstelle in seiner Firma EDV-PRO-
GRAMME in ... erschienen. Deshalb soll gegen 15:45 Uhr von dort aus bei
seinem Vermieter angerufen worden sein, etc., etc.«
Die Einweisung am Tatort erfolgt durch Kriminalhauptkommissar Wolf-
gang H., dem Leiter des Kommissariats 1. Dieses ist zuständig für die
Bearbeitung von Mord, Totschlag, Sexual- und allen anderen öffentlich-
keitswirksamen Delikten.
Er übergibt mir die Schlüssel zum Dachgeschoss.
Eine 13-stufige Holztreppe führt nach oben. Von dem dortigen mit Gelän-
der versehenen Podest gelangt man unmittelbar zur Wohnungstüre.
Diese ist versperrt. Ich schließe sie auf und betrete die Wohnung um
18:25 Uhr. All dies wird ebenfalls auf Band gesprochen.
Die Raumtemperatur - unmittelbar nach der Türe - beträgt 22,7° C.
Zunächst verschaffe ich mir ein eigenes Bild von der vorherrschenden
Situation. Die Feststellungen der Beamten der PI MOD stimmen mit den
meinigen überein. Nun folgt die detaillierte Beschreibung der einzel-
nen Räume, die von mir auf das Diktaphon gesprochen wird (die armen
Schreibdamen, die alles später zu Papier bringen müssen, können einem
da schon manchmal leidtun).
Sind die Fenster geschlossen, gekippt oder gar geöffnet? Wenn ja, wie groß
sind die Öffnungswinkel? Welches Programm wird im Radio gesendet?
Alles wird festgehalten... Zeitgleich zum Diktieren hierzu fotografische
Übersichtsaufnahmen. Dazu müssen die Raumgrößen (vorhandene Bau-

pläne haben sich schon oft genug als ungenau entpuppt) sowie die Lage diverser Spuren vermessen werden. Sie sind gegebenenfalls für eine notwendig werdende maßstabsgerechte Skizze im möglichen Gerichtsverfahren nötig und so arbeite ich mich bis zur Leiche vor.

Dabei bietet sich folgendes Bild:
- männlich (dem Auge zeigen sich eindeutig anatomische Merkmale).
- Alter aufgrund der Liegeposition nicht bestimmbar.
- Körperstatur schlank.
- offensichtlich durchtrainierter Körper.
- braune Haare, kurz geschnitten.
- soweit erkennbar, gepflegter Gesamteindruck.
- Raumtemperatur: 24,2° C (hierzu gesagt: Das Fenster des Schlafzimmers ist geöffnet, bzw. steht offen).
- die bereits von dem uniformierten Kollegen erkannten Verletzungen sind nur auf der rechten Körperhälfte befindlich.
- ohne Veränderung der Lage der Leiche keine gravierenden blutenden Verletzungen einsehbar.
- augenscheinlich keine Stich- oder Schussverletzungen.
- keine Deformierungszeichen an Hinterkopf, Thorax, Ober- und Unterschenkelrückseiten und Armen.

Die Lage des Toten - mag dies dem Leser auch makaber vorkommen - bietet sich ideal zur Messung seiner aktuellen Körpertemperatur an.

Anmerkung: Nicht nur die Gerichtsmedizin, auch die Erkennungsdienste der Kripo verfügen hierzu über spezielle, präzise Thermometer: Quecksilber, heute zusätzlich Digital.

Das Ergebnis der ersten Messung im Mastdarm ergibt den Wert von 24,2°, einer zweiten im halbstündigen Abstand den von 23,9° C. Dies entspricht jeweils der Temperatur im Schlafzimmer, der sogenannten Umgebungstemperatur. Zwangsläufig - es wird langsam Abend und kühlt etwas ab - fällt diese. Dies bedeutet, dass die Leiche „Pi mal Daumen", wenn man von der normalen Körpertemperatur eines gesunden Menschen - kein Fieber o.ä. - also von rund 37° C ausgeht, mindestens 13 Stunden alt ist.

Dies würde bedeuten, dass der Tod spätestens in den frühen Morgenstunden des Tages eingetreten war.

Die Verletzungszeichen nur an der rechten Körperseite lassen aber Zweifel an einer stattgefundenen Rauferei bzw. einem Kampf aufkommen: Welcher Mensch, der angegriffen wird, hält seinem Gegenüber zur Abwehr nur eine Körperseite hin und bekommt dadurch nur dort Schläge ab?

Sollte dieser Mensch einem Angreifer nicht absolut hilf- und damit wehrlos, d.h. handlungsunfähig gegenüberstehen, wird er sich doch instinktiv, dem Selbsterhaltungstrieb folgend, wehren...

Wenn dieser Mensch dem Angreifer gegenüber unterlegen, jedoch irgendwie handlungsfähig wäre, würde er doch sicherlich versuchen zu fliehen...

Warum hat dieser nicht um Hilfe gerufen (man hätte ihn doch wahrscheinlich im Haus gehört)?

Hätte dieser sich nicht sonst Hilfe holen, zum Beispiel telefonieren, können?

Warum ist dieser hier nackt?

Kardinalsfrage:
Wenn schon ein Lover im Spiel gewesen sein sollte, welches Motiv hätte dieser gehabt haben sollen, mit seiner eventuell per Zufall zustande gekommenen Liebelei einen Streit zu beginnen?

Doch warum und wie hätte er ihn bei einer Rauferei töten sollen?

In der Wohnung sind keine verstreut umherliegende Kleidungsstücke aufzufinden...

Diese liegen, sogar die Unterhose, mehr oder weniger geordnet, auf dem Bett...

Eigentlich ein Zeichen dafür, dass derjenige, der sie getragen hatte, diese bewusst ausgezogen hatte...

Doch um wen könnte es sich also bei dem zumindest halbnackten Mann im Treppenhaus, den die Tochter der Vermieter gesehen hatte, gehandelt haben? Wenn es der Aggressor gewesen sein sollte, warum hätte der sich in seinem unbekleideten Zustand ins Treppenhaus begeben sollen, wenn er doch der Stärkere war? Warum sollte er in die Wohnung zurückkehren wollen, nachdem es ja offensichtlich Streit gegeben hatte? Doch nur, um sich anzuziehen und dann möglichst lautlos zu verschwinden, bevor eventuell die Polizei kommen würde...

Einfache Fragen, doch deren Beantwortung...?
Oft das Schwierigste...!
Erinnern wir uns an die Angaben der Tochter des Hauses und die ihrer Eltern:
In der Nacht sei Rumpeln und Krachen zu hören gewesen.

In mir reift ein Verdacht: Alles, was hier zu sehen ist, hat nur mit dem Kopf dieses Mannes zu tun. In dessen Inneren, also dem Gehirn, muss etwas passiert sein!
Doch was ist mit den umgeworfenen oder umgefallenen Möbelstücken? Ohne die Lage des Toten bisher verändert zu haben, gebe ich meine Feststellungen und Vermutungen an die Ermittler weiter. Ich rege an, dass Dr. Eckard Höhmann, seines Zeichens Facharzt für Rechtsmedizin und damals als Landgerichtsarzt für den Bezirk Memmingen zuständig, zum Leichenfundort kommt.
Mit diesem verband mich damals schon ein über zwei Jahrzehnte durch intensive Zusammenarbeit gewachsenes, man kann ohne Umschweife sagen, freundschaftliches Verhältnis. Wir schätzten uns gegenseitig! Leider ist er vor neun Jahren, kurz nachdem er im Ruhestand war, verstorben. Eine gute Stunde dauert es, bis er in seiner alten, schweren, dunkelblauen Mercedes-Limousine am Tatort, der nun fast schon wieder zum reinen Ereignisort geworden war, eintrifft. Die Zeit nutze ich zur genaueren Erhebung von Daten und weiteren fotografischen Detailaufnahmen.

Auch bitte ich, einen Bestatter zu organisieren. Dieser soll den Leichnam schnellstmöglich, nach Beendigung unserer Arbeit hier abholen und, wenn möglich, noch an diesem Abend in das Institut für Rechtsmedizin an der LMU München überführen. Dr. Höhmann und ich begrüßen uns herzlich:

»Das ist ja schön, Herr Adamer, dass ich Sie hier sehe!«

»Herr Höhmann, und noch schöner ist, dass Sie Zeit für mich haben!«

Dann teile ich ihm aber meine Vermutung mit. Sogleich beginnen wir vorbehaltlos gemeinsam mit der genauen Leichenbesichtigung. Dazu gehört die Beschreibung des Istzustands der Leiche. Auch dies wird auf das Diktiergerät gesprochen. Dazu ziehen wir zunächst den auf dem Wäschekorb liegenden Körper mitsamt diesem unter dem Bett hervor. Wir heben ihn, an den Armen und Beinen gepackt, vom Korb und legen ihn linksseitig am Boden auf eine freie Fläche im Wohnbereich. Dabei zeigt sich uns, dass die Leichenstarre - rigor mortis - vollständig ausgeprägt ist.

Man muss wissen, dass nach Eintritt des Todes (nicht nur) des Menschen im Körper mehrere chemische Reaktionen ablaufen. Dadurch entstehen wiederum bestimmte physikalische Veränderungen. Diese hängen natürlich von der Art des Todes ab.

Grob gesagt: Der Tod durch Feuer oder Umkommen in einem nassen Medium, z.B. durch Ertrinken sind zwei Paar Stiefel. Doch auch in diesen Fällen gibt es Reaktionen, deren Beschreibung hier aber zu weit führen würde.

Auch steht es mir nicht an, hier ein Lehrbuch der Rechtsmedizin schreiben zu wollen. Keine der beiden genannten Todesarten liegt hier vor. Bei unserer Leiche handelt es sich um eine ganz normale und vor allem relativ frische!

Eine Leichenveränderung, wie vor wenigen Seiten schon zu lesen war - ist der Temperaturabfall.

Der Körper des Mannes fühlte sich für den Polizisten kalt an, was für ihn dessen Tod bedeutete.

Leicht lässt sich dies durch das Erlöschen des kleinen »Öfchens« Gehirn und Herz (Kommandozentrale und Umwälzpumpe, wenn man es so nennen will) in unserem Körper und damit der vitalen Funktionen erklären. Wir werden nicht mehr geheizt und unsere Körpertemperatur kühlt zwangsläufig ab, bis sie sich an die unserer Umgebung angeglichen hat. Tiefer kann sie nicht fallen. Ausnahmen gibt es, wie immer, aber doch. Eine wäre, man würde den Leichnam einfach....

Unsere Leiche liegt aber weder in einem Kühlschrank noch in einer Kühltruhe, sondern in ihrem Schlafzimmer und weist einfach nur die Umgebungstemperatur auf - ein erster Fixpunkt zur Bestimmung der Todeszeit.

Zurück zur Leichenstarre - einem der erwähnten Vorgänge. Diese beginnt sich, je nach Todesart, wenige Stunden nach dessen Eintritt auszubilden. Zunächst sind die Kleingelenke, also Kiefer, Finger und Zehen betroffen und dies setzt sich fort, bis der ganze Körper davon befallen ist. Man kann sich das so vorstellen, dass der tote Körper und zwar in der Lage, in der er sich bei Eintritt des Todes befand, quasi einfach nach und nach versteift.

Nach einer gewissen Anzahl von Stunden, wiederum abhängig von mehreren Faktoren, löst sich diese Starre auf natürliche Weise und der Leichnam erschlafft wieder.

Wir stellen relativ massive Leichenflecken - livores - im Gesicht und an den Unterschenkeln im Bereich der Schienbeine fest. Weniger intensive zeigen sich im Bauchbereich. Gar keine im Brustbereich, aber mit diesem lag der Tote ja auf dem Wäschekorb auf.

Das Vorhandensein der Leichenflecke in dieser Lage bedeutet für uns, dass der Mann schlussendlich wohl in dieser vom Tod überrascht worden war.

Wir versuchen diese Flecken mit Daumen bzw. Zeigefinger wegzudrücken. Einfacher gesagt als getan: Es gelingt fast nicht mehr. Doch laufen die Leichenflecke auch nicht mehr nach.

Erkenntnis - grob gesagt:

Das nicht mehr unter Druck durch den Körper gepumpte, daher in Arterien und Venen nicht mehr fließende Blut strebt, der Schwerkraft gehorchend, zumindest ab Todeseintritt dem Erdmittelpunkt zu. Dabei setzt es sich in den Kapillargefäßen der Muskelfasern an den nicht unmittelbar aufliegenden oder durch Druck komprimierten Körperteilen fest. Sie, die Leichenflecken, ließen sich bei unserer Leiche fast nicht mehr »wegdrücken«, was sich mit der angedachten Abfolge des Eintritts des Todes zwanglos in Einklang bringen lässt: Zeitpunkt des Todeseintritts durch festgestellte Leichentemperatur, -starre, und -flecken.

Nach deren Dokumentation erfolgt jene der Verletzungen. Genaue Beschreibung der Art, Größe und Färbung. Wir drehen den Leichnam auf den Rücken. Uns zeigen sich an der Körpervorderseite keine weiteren Zeichen von Verletzungen und auch das Abtasten des Schädels ergibt keinerlei Anzeichen von Frakturen.

Nach diesem Ausflug in die vorher erwähnte »*Sprache der Toten*« kehren wir aber wieder zum Tatort zurück.

Gemeinsam beschließen wir, es ist nun auch schon spät, den Abbruch der Tatort-Arbeit.

Morgen ist ja auch noch ein Tag! Die Weiterführung der Spurensicherung machen wir vom Ergebnis der gerichtlichen Leichenöffnung abhängig. Der Bestatter ist auch schon eingetroffen. Sorgsam betten wir den Leichnam in einen Notfallsarg. Es dürfen keinerlei eventuell vorhandene Spuren vernichtet werden.

Unsere Leiche tritt dann ihre vorletzte Reise, die Fahrt nach München, an. Ich versiegle die Wohnungstüre und Dr. Höhmann und ich verabschieden uns. Die Arbeit für heute ist beendet.

Am nächsten Tag wird sie aber, zumindest für mich, weitergehen. Nicht am Tatort, sondern in einem der drei Sektionssäle der Gerichtsmedizin. Es ist früher Morgen. Auf der Dienststelle versammeln sich die am Vortag im Einsatz gewesenen Beamten.

Sämtliche Ergebnisse der bisherigen Ermittlungen und Erkenntnisse werden dargelegt und offen diskutiert. Am Ende werden hieraus entsprechende Entschlüsse für die weiteren Ermittlungsansätze gefasst. Nach meinem Part fahre ich dann am Vormittag nach München in die Frauenlobstraße 8, damals Sitz des Instituts für Rechtsmedizin an der LMU München. Zuvor hatte ich schon mit einem der dort tätigen Präparatoren telefoniert.

Michael Wieczorek, Brille, Schnauzbart, lückenhaftes Gebiss, Bäuchlein, Kettenraucher, immer ein Schwätzchen, etwas nuschelnd, immer freundlich und nett. Michel, so nenne ich ihn - leider ist er 2019 verstorben, er war neben seiner Aufgabe als Präparator damals auch für den organisatorischen Ablauf der Obduktionen verantwortlich.

Was ist eigentlich ein Präparator? Es sind die Obduktionsgehilfen, mit den OP-Schwestern und -Pflegern im Krankenhaus vergleichbar. Wir kennen uns durch den Dienst schon etliche Jahre, und auch dieses Verhältnis ist ein solches wie zu einem guten Bekannten geworden. Ebenso das zu einigen der Ärzte, die es eigentlich fast nur mit dem Tod zu tun haben, den Gerichtsmedizinern, eben den Obduzenten.

Unseren Termin - Kempten ist meist an Tisch 1 - hat Michel auf 13 Uhr festgesetzt.
Dieser Tisch 1 ist normalerweise dem Leiter des Instituts, und damit dem Chef, und somit seit dem Jahr 1989 Prof. Dr. Wolfgang Eisenmenger, zwischenzeitlich auch schon zehn Jahre im Un-Ruhestand, vorbehalten.

Von hier an ist die Geschichte eigentlich schnell erzählt. Die Obduktion auch dieser Leiche erfolgt nach einem eingespielten und bewährten Schema:
Zunächst erfolgt wiederum eine genaue äußere Besichtigung. Zwischenzeitlich ist die Leiche, wenn auch nur um wenige Stunden, gealtert. Dann werden die drei Körperhöhlen - Kopf, Brust, Bauch - eröffnet und

es erfolgt die Untersuchung aller im Körper befindlichen Organe. Bei diesem Vorgang steht der Kriminaler mit der Aufgabe zu fotografieren, aber auch als Zeuge, mit am Tisch. Sobald der eröffnete Leichnam wieder zugenäht wird, diktiert der erste Obduzent im Zusammenspiel mit den anderen das vorläufige Obduktionsergebnis:

»An der Leiche können keinerlei Zeichen von Gewalteinwirkung festgestellt werden, die ursächlich in Zusammenhang mit dem Todeseintritt gebracht werden können. Damit ist zwanglos von einem Tod aus innerer natürlicher Ursache auszugehen.

Bei dieser handelt es sich um das Platzen eines Aneurysmas der großkalibrigsten Arterie der linken Gehirnhälfte (Aneurysma heißt „Aussackung" einer Gefäßwand).

Dies zog einen schnellen und massiven Blutaustritt in diese nach. Dadurch bildete sich ein mit dem Leben nicht mehr vereinbarender Gehirndruck.

(Der Laie mag sich dies mit dem Platzen des Schlauches eines Fahrradreifens vorstellen: Marode Stelle, deren Aussackung ähnlich einer Blase an dieser Stelle - und dann: ein lautloses Peng!)

Die festgestellten oberflächlichen äußeren, nicht gravierenden Verletzungen im Bereich des rechten Oberarms und der Hälfte des Thorax scheiden als Todesursache aus, etc.«

Es werden ergänzend die Befunde der weiteren inneren Organe usw. bewertet.

Tod aus innerer natürlicher Ursache...!

Doch wer war nun dieser ominöse unbekannte Mann mit nacktem Oberkörper vor der Türe zur Dachwohnung?

War es doch ein unbekannter Lover oder, gibt es eine andere Erklärung? Der Tatort hatte uns gezeigt, dass sich zumindest am besagten Abend dort niemand Fremder aufgehalten hatte. Auch hatte dort offenbar nie eine Schlägerei stattgefunden.

Der Unbekannte war wohl unser besagter Franz Meier selbst! Über Stunden muss er mit dem Tod gerungen haben. Dabei hatte er unbewusst die

Unordnung in seiner Wohnung, die zunächst für Irritationen gesorgt hatte, verursacht.

Durch das plötzlich aufgetretene Aneurysma ausgelöst, hatte unser Mann am Ende wohl die unerträglichsten, schwersten Kopfschmerzen erlitten. Und offensichtlich hatten diese zu seinem solch entstellten Gesichtsausdruck geführt, dass er nicht einmal von der Tochter des Hauses erkannt worden war.

Weder Mord noch Totschlag!
Nicht einmal Körperverletzung mit Todesfolge!
Doch, auch für alle beteiligten Kriminaler und Mediziner, ein tragischer Fall!

Tröstlich vielleicht nur für seine wenigen Angehörigen, die doch noch ermittelt wurden:
Auch Notfallmediziner, wären diese in dem Moment des Ereignisses neben Herrn Meier gestanden und er wäre sogar bereits auf dem OP-Tisch gelegen - sie hätten ihn nicht retten können...

Ein mehr als tragischer Fall!

Russische Geburtstagsfeier

- und was am Ende daraus wurde

Ich bin im sechsten Stock des Hauses Bahnhofstraße 65 in Kempten. Ein neunstöckiges tristes Hochhaus, das mich immer an die Plattenbauten in der ehemaligen DDR erinnerte.

Das Gebäude hat einen Namen. Den Kemptenern war es als „Kunzhaus" bekannt. Erbaut von der damals in der Region großen Baufirma Kunz. Es war als Logis für deren Gastarbeiter aus unseren südlichen Nachbarländern geplant.

Der Komplex kam im Laufe der Jahre herunter, wurde an die Stadt verkauft, die dort eine Asylbewerberunterkunft einrichtete.

Ende des Jahres 1991 war es auf dem Balkan dann zum Kroatienkrieg, an dem natürlich zwangsläufig auch Kosovo-Albaner beteiligt waren, gekommen.

Viele von diesen wollten dem Krieg entkommen und flüchteten. Diejenigen, die in Kempten gestrandet waren, wurden daher dort untergebracht.

Neben ihnen auch Inder, Russen und Angehörige verschiedenster weiterer Nationalitäten, die alle ebenso aus den verschiedensten Gründen ihre Geburtsländer verlassen hatten, wollten in der „Fremde" ihr Glück finden.

Um Konflikten untereinander möglichst aus dem Weg zu gehen, wurden sie etagenweise untergebracht. Doch gelang dies nicht immer.

Sie alle lebten unter dem gleichen Dach und durch die damalige für alle einheitlich ohne Rücksicht auf die unterschiedlichen Ethnien beschaffte Zwangsverpflegung kamen immer wieder Probleme auf. Das Haus kam dadurch noch mehr herunter.

Gleichzeitig kochte ein weiteres, bis dato nicht in diesem Ausmaß gekanntes Problem hoch, das des Rauschgifts. Konsum und damit zwangsläufig Handel gaben sich die Hand.

Einige Albaner dealten damals sogar ganz offen auf Schulhöfen und auch an der Zentralen Busumsteigestation inmitten der Stadt.

Was hat nun die Überschrift Russenmord mit den Albanern zu tun? Eigentlich nichts und doch sehr viel! Einfach gesagt: Es geht jetzt um Russen, es geht um Mord, aber es geht eben auch um Rauschgift! Wir befinden uns in der Mitte der 90er Jahre, also etwa fünf Jahre nach besagtem Kriegsausbruch.

Es ist bereits Herbst. Donnerstagmorgen.
Die Uhr zeigt 04:25 Uhr, als ich in der Bahnhofstraße 65 eintreffe.
Man, das heißt der Telefonist der Einsatzzentrale, hatte mich um 03:15 Uhr aus dem Schlaf geklingelt:
»Ich wünsche dir einen wunderschönen guten Morgen! Hoffentlich hast du gut geschlafen (!) und ich störe dich nicht?
Wir haben da etwas Besonderes. Den Helmut haben wir auch schon geweckt. Der kommt auch.
Es gibt da offensichtlich einen toten Russen - angeblich erstochen!
Wer von euch zuerst da ist, soll sich kurz bei mir in der EZ sehen lassen. Ich erzähl ihm dann das Notwendigste!«
Vor der Abfahrt von der Dienststelle erkundige ich mich, wie vereinbart, beim EZ-Leiter.
Die ersten Informationen: Um 02:12 Uhr war der Anruf über 110, also den Notruf, eingegangen. Er, der Anrufer mit schlechtesten Russendeutsch:
»Choomt schneel! Chier miiest koommen, schneel!
Da chaat einaar den ‚Micha' abgestoocchen.«
Er habe rückgefragt, wo denn das überhaupt wäre? Die Antwort:
»Naa chier - woo deen soonst schoon, chalso chier - bei chuns in där Bannhofschtrasse...!«
Damit sei das Gespräch beendet gewesen, weil der Anrufer offensichtlich aufgelegt hatte.

Sofort wären drei Streifenbesatzungen in Richtung Bahnhof in Marsch gesetzt worden. Am besagten Haus seien diese fast zeitgleich mit dem alarmierten Notarzt und dem Rettungsdienst eingetroffen.

Ich bin vor meinem Kollegen Helmut da. Helmut Weißenbach, mein »Lehrmeister«, als ich nun vor fast 40 Jahren - viel fehlt nicht mehr - beim ED anfangen durfte.

Vor dem Kunzhaus steht ein Streifenwagen. Eine junge Kollegin, die ich nicht kenne, sie aber wohl mich, wartet dort und meint, ich solle den rechten Aufzug nehmen, der linke sei defekt.
Ansonsten stehen nur ein paar Asylbewerber auf dem Gehsteig. Sie rauchen und tuscheln untereinander.
»*Der Kurt und der Alex sind oben im sechsten Stock*«, sagt die Kollegin.
»*Du kennst die beiden ja eh. Die sichern den Tatort und zeigen dir dann alles.*
Viel Vergnügen und dann noch einen schönen Tag! Ciao!
Wir sind dann ja bald weg.«
Schöner Tag! Der ist mir schon versaut!
Also fahre ich hoch, steige aus dem Aufzug und was erwartet mich? Ruhe!
Kein Menschenauflauf, kein Geschrei, einfach nur Ruhe!
An der Wand des großflächigen Treppenhauses ist zwischen den beiden Aufzügen ein Münzfernsprechapparat - so etwas gab es damals noch - montiert.
Die ebenfalls dort angeschraubte Tafel weist in drei oder vier Sprachen darauf hin, dass der Notruf, die 110 freigeschaltet, also ohne Kosten benutzbar ist.
Wie bereits gesagt: Das Treppenhaus, wie das ganze Gebäude, heruntergekommen. Vor den Zugängen zu den einzelnen Fluren liegen Plastiktüten mit Müll und Essensresten. Dementsprechend auch die Gerüche...

Ansonsten teilweise einfach nur Dreck. Auf den grau gemaserten Bodenfliesen bleibt man schon gelegentlich mal mit der Schuhsohle »pappen«. Wirklich ein schöner Tag!

Den Rettungsdienst treffe ich nicht mehr an. Er ist schon lange fort, da ja der Notarzt den Tod des Mannes bereits festgestellt hatte.

Doch die beiden Kollegen nehmen mich dafür in Empfang und gehen mit mir in den Flur, der nach Süden zu den Zimmern in der Südwestecke des Gebäudes führt.

Nach dem Passieren des ersten Zimmers rechts erweitert sich der Flur nach links, also nach Osten.

An der Nordwand steht eine einfache Küchenzeile mit 3-Plattenherd, Backofen, Kühlschrank und einer Spüle. Aus deren Hahn läuft (die Spüle wird später nochmals auftauchen - zu diesem Zeitpunkt aber nicht abschätzbar) ununterbrochen Wasser, ja Wasser, aber wirklich heißes Wasser - welche Verschwendung!

Schnell ein Foto, notieren der Uhrzeit und der Versuch das Wasser abzudrehen, doch bei diesem bleibt es. Der Hahn ist defekt und lässt sich nicht zudrehen!

Wir gehen zum zweiten, auf der rechten liegenden Zimmer, nachdem wir gesehen hatten, dass das erste leer war. Die Türe steht offen.

Auf einer an der Westwand stehenden Couch liegen mehrere Männer.

Auf den ersten Blick sind es vier oder fünf - schlafend, teils schnarchend oder auch grunzend.

In diesem Moment interessiert dies nicht so. Den Angaben der Kollegen nach handelt es sich bei ihnen um Russen, die aber mehr oder weniger total besoffen seien. Dies heißt, dass sie zumindest jetzt, nicht ansprechbar sind.

Im dritten, dem Eckzimmer, das vom Flur aus ebenfalls nach Westen hin betreten wird, soll »unser« Erstochener liegen, was er auch tut:

Etwa in Raummitte, rücklings, stattliche Figur, volles Gesicht, kurze gewellte, leicht grau melierte Haare, am rechten Fuß einen Lederhalbschuh, braun, zugebundene Schnürsenkel, keine Socken, Jeanshose mit braunem Ledergürtel und kurzärmeliges, dunkelblaurotweiß kariertes Hemd.

Der andere Schuh, die Schnürsenkel ebenfalls gebunden, liegt zur Innenseite gekippt, circa einen Meter vom linken Fuß weg, also ebenfalls etwa in Raummitte, bei einem dort stehenden Couchtisch.

Der Tisch war augenscheinlich ursprünglich dort nicht so gestanden. Er muss versetzt, aber nicht verschoben worden sein.

Dies belegen zum einen die Eindrücke der Tischfüße auf dem dortigen minderwertigen Teppich und zum anderen das Fehlen von Schleif- oder Schiebespuren.

Auf dem 160x60 cm großen Tisch stehen zwei halb- bzw. dreiviertelvolle Bierflaschen , einige Flaschen liegen daneben, auch zwei Wodkaflaschen und diverse aufgerissene Papiertüten mit Brot- und Wurstresten sind zu sehen.

Weitere umgefallene Flaschen liegen auf dem Fußboden. An der Westwand unterhalb des dortigen Fensters steht, wie im Nebenraum, eine dreisitzige Polstercouch.

Die Kollegen erzählen, dass der Tote, als sie zusammen mit dem Notarzt um ca. 02:25 Uhr eingetroffen waren, dort gelegen sei: Mittig, rücklings, Kopf im Bereich der Oberkante der Rückenlehne leicht nach links gedreht, gespreizte Beine, ausgestreckt, herabhängende Arme, die Hände etwa an der Vorderkante der Sitzpolster mit den Handflächen nach unten aufliegend.

Notarzt und Sanitäter hätten den Mann von der Couch gehoben und ihn am Boden abgelegt, um ihn besser untersuchen zu können. Um mehr Platz zu schaffen hätten sie vorher den Tisch verstellt. Ob die auf dem Tisch befindlichen Flaschen hierbei umgefallen sind oder schon lagen, kann keiner mehr sagen.

Bei der Untersuchung des Mannes sei dann aufgrund der vom Arzt getroffenen Feststellungen - keine Atmung, kein Puls - sowie als Ergebnis des angelegten EKG - Nulllinie - um 03:05 Uhr dessen Tod attestiert worden.

Damit ist die Aufgabe des Notarztes, nämlich das Retten eines Lebens, eigentlich beendet gewesen, aber...

Die uniformierten Kollegen berichten weiter, dass einer der Besoffenen und jetzt Schlafenden im Zimmer nebenan wohl der Anrufer gewesen sei. Seine Personalien - der da ist es - Fingerzeig durch die offenstehende Türe, wie auch die der anderen seien gesichert.

Die Angaben des Anrufers gegenüber den Uniformierten:
Er, die anderen und ein gewisser Andrej hätten mit Micha dessen 50sten Geburtstag gefeiert. Insgesamt seien sie so sechs oder sieben gewesen. Gezählt habe er nicht und es seien nur Freunde von Micha gewesen. Bier und Schnaps, vor allem Wodka, sei in rauen Mengen geflossen.
Sie hätten auch gegessen: Wurst und Brot. Beides hätten sie mit dem am Tisch liegenden Messer aufgeschnitten.
(Micha - wie sich aber erst später herausstellen sollte - hatte Hausverbot im Kunzhaus - aber wer stört sich denn an so einer Kleinigkeit? Die hier Beteiligten sicherlich nicht!).
Er, also der Anrufer, und ein paar andere seien dann, als sie genug gehabt hätten, gegangen.
Im Nebenzimmer habe man sich niedergelegt. Einige wären sofort eingeschlafen. Auch er habe so vor sich hin geduselt.
Von da an hätte er von dem, was weiter passierte, denn zwischen den beiden, Andrej und Micha sei es plötzlich zu einem Streit gekommen, nicht mehr viel registriert...
Filmriss. Der Rausch...
Micha, Andrej und einer seiner Freunde wären im Zimmer, in welchem die Feier stattgefunden hatte, geblieben. Sie hätten, meinte er, vermutlich trotz des Streits weiter gesoffen.
Plötzlich habe dann aber einer in das Zimmer, in dem er gelegen wäre, auf Russisch hineingerufen:
»*Soo, ich habe jetzt den Micha gestoochen!*«, und - derjenige, der dies gerufen habe, sei Andrej gewesen.

Es hätte etwas gedauert, bis er begriffen habe, was Andrej eigentlich gesagt hatte. Dann hätte er sich aufgerafft, um nachzuschauen.

Andrej sei da aber auch schon weg gewesen.

Mehr oder weniger sei er in das Nebenzimmer gestolpert. Dort sei Micha rücklings auf der Couch gelegen, seine Brust voller Blut.

Daraufhin habe er versucht, wie es ihm wegen seines Zustands auch immer gelungen sei, ins Treppenhaus zu kommen. Dort habe er dann die 110 gewählt...

Anschließend habe er sich wieder hingelegt und sei gleich wieder eingeduselt und kurz darauf durch Tatü-Tata und den Krach, den die Polizei und andere gemacht hätten, wieder aufgewacht.

Die Kollegen meinten noch, dass der Anrufer gesagt habe, er wisse, wo Andrej nächtigen wolle.

Es sei eine billige Unterkunft in der Reichlinstraße. Dies würde schon aktuell überprüft.

Der Tote liegt nun also rücklings ausgestreckt auf dem Teppich.

Wie immer, beginne ich mit der Dokumentation. In diesem Fall ist zunächst die Leiche an der Reihe.

Deren Lage: Also die des Körpers, der Arme und der Beine sowie die Kopfhaltung.

Auch in diesem Fall muss dies alles festgehalten werden, obwohl eigentlich irrelevant, da dies nicht der ursprünglichen Lage entspricht. Notarzt und Sanitäter hatten die Leiche ja von der Couch geholt. Doch ob die sich an die Lage der Leiche bei ihrem Eintreffen erinnern werden? Aber man weiß ja nie! Vielleicht ergibt sich im Laufe der Zeit ja doch Wichtiges...

Mehr als wichtig ist daher die genaue Feststellung des Zustands seiner Bekleidung.

Dies will heißen: Sind Gürtel, Knöpfe geschlossen bzw. zugeknöpft oder offen, gibt es irgendwelche andere Besonderheiten wie Risse oder sonstige mechanische Beschädigungen - oder wer hat was und wie aufgemacht? Daher diktiere ich:

»Das Hemd steckt nicht in der Hose. Es weist sechs Druckknöpfe auf und hat damit keine Knopflöcher, ist geöffnet, was heißt, die Hemdflügel liegen rechts und links am Boden auf, beide Hemdflügel sind mit knopflosen Brusttaschen besetzt, das Hemd ist mäßig blutverschmiert.
Auf den ersten wie auch auf den zweiten Blick sind keinerlei Beschädigungen festzustellen.
Die Hose sitzt eigentlich regelrecht.
Nur der Gürtel ist nicht geschlossen, der Hosenknopf geöffnet, und der Reißverschluss des Hosenschlitzes ist halb heruntergezogen.
(Die Tascheninhalte werden wir später »erkunden«).
Die behaarte Brust ist flächig blutverschmiert...«

Auffällig, dass sich in diesem flächigen, bereits angetrockneten Bereich eine eindeutig definierbare, unterschiedlich ca. 4-7 mm breite Abrinnspur in Richtung Nabel, also des Unterbauchs befindet.
Doch noch auffälliger ist, dass die flächige Blutspur senkrechte, also körperlängs verlaufende feine »Streifen« aufweist.
Sechs Zentimeter links des Brustbeins zeigt sich unterhalb der vierten Rippe, also im Herzbereich, eine leicht schräge, annähernd (aber noch) horizontale, außen höher - innen tiefer, verlaufende, ca. 10 mm lange, vermeintliche Stichwunde. Von dieser geht diese Abrinnspur aus.
Als ich sie näher beschreibe und fotografiere erwähnt der uniformierte Kollege beiläufig:
»Nur, dass du es weißt, der Notarzt, also der hatte natürlich Latexhandschuhe an, hat mit seinem rechten Zeigefinger dort, also in der Wunde in der Brust, rumgebohrt!« Dies nehme ich zunächst kommentarlos zur Kenntnis.
Was bleibt mir in dieser Situation auch anderes übrig?
Den Kollegen kann ich keinen Vorwurf machen, doch mag das Wissen um diesen Umstand vielleicht für die Beurteilung des Ergebnisses der Obduktion hilfreich sein...
Da wird es hoffentlich ein Gespräch zwischen Rechtsmedizin und Notarzt geben...

Vorweggenommen, gab es auch: Der Notarzt rechtfertigte sich, er habe nur den Stichkanal erkunden wollen. Ich glaube, dass er dies nie wieder tun wird.

Helmut, mein Mitstreiter, trifft ein.
Wir teilen uns nun die Aufgaben: Beschreibung und fotografische Dokumentation der Lage aller Räume, auch denjenigen, in dem der Tote liegt, die Möblierung etc. übernimmt er. Ich lege mein Augenmerk nur noch auf die Leiche.
Bevor sich Helmut aber seiner Arbeit widmet, öffnen wir gemeinsam an der vom Toten getragenen Hose den Reißverschluss ganz, ziehen diese und den getragenen Slip etwas nach unten. So können wir ohne weitere Lageveränderung der Leiche unseren digitalen Leichenthermometer in seinen Anus einführen.
Die Raumtemperatur in Augenhöhe beträgt zwischen 21 und 21,5° C schwankend, diejenige annähernd auf Fußbodenhöhe rund 20° C. Der erste gemessene Wert, es ist nun bereits 05:05 Uhr, beträgt 34,1° C. Nun müssen wir die Ergebnisse eines zweiten, eines dritten und gegebenenfalls vierten Wertes abwarten. Sie betragen um 05:35 Uhr - 33,6, um 06:05 Uhr - 33,0 und um 06:35 Uhr - 32,3° C.
Dies könnte auf den Zeitpunkt des Todeseintritts um ca. 02:00 Uhr hindeuten. Dazu würde die einsetzende Leichenstarre im Kiefergelenk passen...
Nach der Feststellung des letzten Messwertes, nun schon nach 06:30 Uhr, entkleiden wir den Toten komplett. Die Kleidungsstücke asservieren wir getrennt voneinander in Plastiktüten und beschriften diese.
Getrennt deshalb, damit eventuell anhaftende Mikrospuren, wie Textilfasern, Haare und sonstige eventuell relevante Partikel nicht unbewusst von einem Kleidungsstück auf ein anderes oder sonst wohin irrtümlich übertragen werden können.
Um so etwas auszuschließen, müssen natürlich neutrale Vergleichsproben von der Couch, dem Teppich usw. gesichert werden.
Dabei - nun ist es auch schon früher Morgen - stellen wir an der rechten Halsseite und am rechten Unterkieferast je eine pinkfarbene Verfärbung

fest. Beide hatten wir sie wegen der schlechten Beleuchtung offenbar vorher übersehen.

Um Leichenflecke scheint es sich nicht zu handeln. Aber wo sollten diese Verfärbungen sonst herrühren?

Lippenstift könnte es sein. Wir belassen alles so wie es ist, denn die Obduzenten sollen sich ein eigenes Bild machen. Die Zeit nach der Ablesung des ersten Messwertes lassen wir nicht untätig verstreichen und drehen einfach Däumchen.

Nein, wir machen uns weiter an die Beschreibung.

Im offensichtlichen Tatzimmer gibt es, wie bereits erwähnt, ein Fenster nach Westen. Unter diesem steht die angeführte Couch. Auch nach Süden existiert ein Fenster. Beide sind geschlossen.

Bevor ich mit der Beschreibung der Couch beginne, bitte ich Helmut, mir hierbei zu helfen. Vier Augen sehen einfach mehr als zwei:

Dreisitzig, rechts wie links feste Armlehnen, augenscheinlich abnehmbare Rücken- und Sitzpolster, das Untergestell bis zum Boden reichend, grüner Überzug aus Cordsamt, offensichtlich alt, verschmutzt, mehrere eingebrannte Löcher von hier ausgedrückten oder liegengelassenen Zigarettenkippen, aber auch sonstige Flecken...

Die Vorderseite des mittleren Rückenpolsters, welches naturgemäß auf dem darunterliegenden Sitzpolster aufliegt, weist ebenfalls Blutspuren auf.

Sie sind ähnlich denjenigen, die wir an der Brust des Toten gesehen haben.

Dieser Sitzpolster ist offensichtlich nach vorne verschoben und steht im Gegensatz zu seinen »Nachbarn« rechts und links etwa 10 cm vor.

Bei der genaueren Betrachtung erlebe ich dann eine Überraschung:

Beim Wegnehmen des Rückenpolsters blicke ich am hinteren Ende des entsprechenden Sitzpolsters in dem dortigen Spalt in eine ca. 18 cm lange Blutlache, entlang der stoffüberzogenen hölzernen Rückenlehne auf dem Untergestell der Couch. In dieser Lache liegt ein dunkelblaues Einwegfeuerzeug aus Plastik. Das Blut ist von dunkelroter Farbe und schon relativ zähflüssig.

Das Feuerzeug ist an der Oberseite aber frei von Blut. Es muss daher, nachdem das Blut schon hier war, hineingefallen sein.

Gemeinsam heben wir vorsichtig den Sitzpolster ab. Wir müssen feststellen, dass dieses an der Unterseite hinten stark blutdurchtränkt ist. Auf der Oberseite des entsprechenden Sitzpolsters ist aber fast kein Blut zu sehen.

Es trifft der zwischenzeitlich beauftragte Bestatter ein. Er bringt den Leichnam auftragsgemäß direkt in die Frauenlobstraße in München zur Rechtsmedizin.

Dort wird um 13:00 Uhr - schon wieder 13:00 Uhr - die Obduktion, zu der ich nach dem kurzen Frühstück auf der Dienststelle unterwegs bin, stattfinden.

Die Ermittlungen laufen zwischenzeitlich auf Hochtouren und Andrej, der Hauptverdächtige, war auch schon im Unterallgäu festgenommen worden.

Der Hinweis des Anrufers, wo Andrej sich aufhalten könnte, hatte hierzu beigetragen.

Die Überprüfung der Pension in der Reichlinstraße hatte nämlich ergeben, dass Andrej nur kurz dort gewesen war. Er hatte bereits seine Sachen gepackt.

Mit einem geborgten Pkw war er zu seiner Mutter, die in einem kleinen Dorf bei Memmingen wohnte, gefahren. Diese pumpte er um 8.000 DM an. Er müsse sofort verschwinden und wolle nach Russland abhauen...

Doch die Mutter hatte keine 8.000 DM für ihn.

Ich erfahre dies alles auf der Rückfahrt von München nach Kempten zur Dienststelle.

Aber zurück zur Obduktion:

Wieder Tisch 1 und wieder ist Professor Eisenmenger der Erste Obduzent.

Warum eigentlich der erste?

Weil normalerweise, je nach Arbeitsanfall - und das können leicht einmal zwölf, vierzehn oder auch mehr Leichen am Tag sein - zwei oder drei Ärzte pro Tisch die Leichenöffnungen vornehmen. Einer von ihnen leitet die Obduktion und ist somit der Hauptverantwortliche. Als solcher muss man aber schon mehrere Dienstjahre mit entsprechender Erfahrung nachweisen. Und der oder die ist dann halt nun mal der Erste...

Gemäß unserer, also der in der Bundesrepublik geltenden Strafprozessordnung (StPO) sind laut Paragraph 87 Absatz 2, zwei Ärzte zwingend vorgeschrieben. Einer davon muss Rechtsmediziner sein, also Facharzt oder zumindest in Ausbildung zu diesem.

Nun folgt alles wie gehabt:
Die äußere Besichtigung des Leichnams:
Körperlänge und Gewicht waren bereits durch den Sektionsgehilfen festgestellt worden: 182 cm, 86,5 kg. Diese Daten wurden von ihm mit Filzstift auf den rechten Oberschenkel der nackten Leiche notiert.
Der Körper weist neben der Verletzung im linken Brustbereich keine weiteren Auffälligkeiten auf.
Doch!
Die beiden Verfärbungen am rechten Unterkieferast und diejenige an der rechten Halsseite. Unter den jetzt optimalen Lichtverhältnissen zeigen sie sich nun eindeutig hell lilafarben: Definitiv keine Leichenflecke.
Auf meine Frage, was diese denn nun aber sein könnten, meint Eisenmenger, dass er, wie ich, keine Ahnung hätte.
»*Schauen wir halt mal!*«, sagt er und reibt sie mit zwei Wattestäbchen ab.
Nun hatten wir alle, die wir hier rund um den Tisch stehen, einen verstärkten Verdacht: Lippenstift, einfach nur Lippenstift!
Doch wo sollte dieser herrühren?
Von Frauen war in diesem Fall bisher keinerlei Rede gewesen! Aber es soll ja auch Männer geben...
Naja, die chemische Analyse wird es schon weisen - die können heute ja fast alles. Aber es wird einige Tage dauern.
Nun erfolgt die genaue Vermessung der Wunde in der linken Brustseite:

»*Lage: 129 cm über Fußsohle, 6 cm links der Körpermittelachse, Form: ca. 10-11 mm lang, leicht bis zu maximal 1 mm klaffend, Wundränder dunkelrot, schon leicht verkrustet, Verlauf: minimal schräg von oben außen nach innen unten.*

Nach dem Säubern der Wunde zeigt sich unter Lupenbetrachtung: Der obere Wundrand breiter und rechteckig, der untere läuft spitzwinkelig zu...«

Feststellungen, die wichtig zur Beurteilung sind, ob es sich bei der Tatwaffe um ein Werkzeug mit ein- oder zweischneidiger Klinge gehandelt hat.

Ebenso zur Handhaltung dieses Werkzeugs, zum Beispiel ob bei Stichführung die Klinge zwischen Daumen und Zeigefinger oder zwischen kleinen Finger und Handkante herausschaute.

Wichtig in diesem Fall auch: Die Mitteilung des uniformierten Kollegen, dass der Notarzt in der Brustwunde gebohrt hatte.

Folge: Es wird nach der erfolgten äußeren Beschreibung keine unmittelbare Sondierung des Stichkanals an der noch nicht geöffneten Leiche vorgenommen.

Wieder werden aber die Blutspuren an der Brust genau beschrieben.

Dann muss aber der Brustraum zur weiteren Begutachtung zugänglich gemacht werden.

Hierzu wird ein vertikaler, also körperlängs verlaufender Schnitt vom Hals bis fast zum Genitalbereich gesetzt. Dann werden die Haut-, Fett- und Muskelschichten präpariert und damit der Brustkorb und die Bauch- und Unterleibsregion freigelegt.

Der knöcherne Brustkorb zeigt nun mit der abgeklappten Haut- und Muskelpartie der linken Körperhälfte eine korrespondierende Einblutung an der Oberkante der fünften Rippe.

Beweis dafür, dass hier ein scharfkantiger Gegenstand wie zum Beispiel ein einschneidiges Messer am Werk gewesen war.

Die rechten und linken Rippenbögen werden mittels eines ärztlichen Instruments, der Rippenschere, die einer Geflügel- oder Gartenschere ähnelt, durchtrennt.

So kann die Brustkorbvorderwand mitsamt dem Brustbein als Ganzes entnommen werden.

Die Brustorgane, Lunge und Herz, liegen nun offen, wobei die Lunge meist das Herz fast ganz bedeckt.

Die Doktoren ertasten dieses und führen nun durch die Hautwunde ein stricknadelartiges Instrument ein.

Äußerst vorsichtig kanalisieren sie zunächst eine Wunde im linken oberen Lungenflügel, dann den Einstich in den das Herz umgebenden Herzbeutel.

Der weitere Verlauf führt zum oberen äußeren Bereich der linken Herzkammer weiter nach innen in den unteren Bereich der rechten Herzkammer.

Der Herzbeutel ist, besonders linksseitig, mit bereits gestocktem Blut gefüllt - eine sogenannte Herzbeuteltamponade.

Ein absolut tödlicher Stich!

Eisenmenger beantwortet meine Frage zur längsten möglichen Dauer der Handlungsfähigkeit eines Menschen, nach Erhalt eines solchen Stiches, dass diese vom geringen Sekundenbereich bis schon zu einer halben Minute oder auch vielleicht darüber gelegen haben dürfte. Vom geringen Sekundenbereich bis zu eventuell über eine halbe Minute!

Nichts - und doch je nach Betrachtung der Umstände eben eine kleine Ewigkeit!

Was kann ein Mensch, wenn auch vielleicht nicht mehr ganz bewusst, noch in dieser Zeit machen? Zu was ist er noch in der Lage?

Eventuell wichtig für weitere Vernehmungen und Ermittlungen...

Vorläufiger Befund der Obduktion, vorbehaltlich der Ergebnisse weiterer Untersuchungen:

»Es handelt sich um einen gewaltsamen Tod durch Erstechen.

Hervorgerufen durch einen einzigen Stich.

Dieser erfolgte in die linke Brusthälfte zwischen vierter und fünfter Rippe mit Durchsetzung des Oberlappens des linken Lungenflügels und anschließendem Durchstich des Herzbeutels.

Dies hatte durch das austretende Blut eine Herzbeuteltamponade zur Folge, wodurch die Pumpfähigkeit des Herzens schnell beeinträchtigt wurde.

Der Stich von links außen oben nach rechts unten innen durchdrang dann die linke Herzkammer, in der Folge noch die Spitze der rechten Herzkammer innen und endete mit dem Anstich des rechten Lungenlappens.

Beim Tatwerkzeug könnte es sich um ein einschneidiges Werkzeug, vermutlich ein Messer, mit einer maximalen Klingenbreite von 10 bis 11 mm, Klingenlänge nicht unter 8 cm, handeln...«

Zurück zu Andrej, dem Tatverdächtigen.
Der hatte bereits gestanden und ausführliche Angaben gemacht:
»Also, die Tatwaffe, das Messer, das ich...
- Pause -
...wir haben es zum Schneiden von Wurst und Brot benutzt, lag auf dem Tisch.«
Auf Frage nach dem Messer:
»Ja halt so ein Küchenmesser. Der Griff ist aus Holz, braun, die Klinge vielleicht so zwölf Zentimeter lang.«
Auf die Frage, ob die Klinge eine oder zwei Schneiden aufweise:
»Nein, nein, kein Dolch. Nur eine Seite der Klinge war scharf.
Die anderen waren gegangen. Ich und der Micha haben noch einen Wodka und je eine halbe Flasche Bier getrunken.
Zu mehr ist es nicht gekommen, weil der Micha dann mit mir ohne Grund zum Streiten angefangen hat.
Ja, es stimmt, beide waren wir mehr oder weniger besoffen.
Micha hat mich bei dem Streit immer mehr mit den übelsten russischen Schimpfwörtern beleidigt: »Mutterficker« und so...
Wir zwei sind uns so im Abstand von vielleicht einem guten halben Meter gegenübergestanden.
Micha hat mich bei den Beleidigungen auch immer wieder mit den Fingern gegen meine Brust gestoßen und mich etwas weggeschubst...
So habe ich dann eine richtige Wut gekriegt.

Ich habe das Messer, das am Tisch lag, mit der rechten Hand gepackt und habe es von der rechten immer wieder in die linke und zurück in die rechte, so wie im Film halt, hin und her geworfen und auch immer wieder einen Stoß in Richtung Micha angedeutet.

Den hat das aber überhaupt nicht gejuckt. Er hat mich nur ausgelacht und immer weiter beleidigt:

>Du bist eine richtig feige Sau! Warum stichst du nicht einfach zu, wenn du schon mit dem Messer herumfuchtelst<?

Da bin ich dann halt ausgerastet.

Ich habe wegen der Beleidigungen keinen anderen Ausweg mehr gewusst und habe dann auch einfach nur zugestochen...!

Der Micha hat mich verdutzt angeschaut und dann nur die Augen verdreht. Der hat aber keinen Mucks gemacht. Nicht mal den geringsten...

Der ist nur so leicht auf mich zugewankt und da habe ich ihn dann, wie er mich vorher geschubst hatte, leicht nach hinten weggestoßen.

Dann ist er einfach rückwärts auf die Couch gefallen.

Ich bin gleich raus.

Das Messer habe ich an der Spüle abgewaschen.

Da läuft ja das Wasser. Mit der Klinge nach oben habe ich es in meine rechte Gesäßtasche gesteckt und bin einfach so weggegangen.

Und ja, wenn Sie mich fragen: Ja, ich habe gesagt: Ich habe den Micha gestochen...«

Zufällig hätte er vorher aber in einer der Taschen der innen an der Türe hängenden Jacke des Micha ein Kokain-Briefchen gefunden. Dieses, etwa zwei Gramm wären es gewesen, habe er sich natürlich in der Nacht »durchgezogen«.

»Das Messer habe ich auf halbem Weg zu meiner Übernachtungsstelle in der Reichlinstraße in ein Gebüsch geworfen.«

Nun sind wir also wieder beim Rauschgift angelangt!

Am nächsten Tag sitzt Andrej vor mir. Ich darf ihn erkennungsdienstlich behandeln.

Zuerst werden die Fotos für das sogenannte Verbrecheralbum gefertigt. Dies sind die Aufnahme des Profils der rechten Gesichtshälfte, eine

Portraitaufnahme und die des linken Halbprofils, sowie eine Ganzkörperaufnahme.

Dann erfolgt eine genaue Beschreibung des Tatverdächtigen: Körperlänge (ohne Schuhe), Gewicht, Haarfarbe, -form (glatt, gelockt, gewellt), -länge, -schnitt, Bart: ja - nein (wenn ja: Art und Form), Augenfarbe und -form, Nasenform, Adamsapfel: ja - nein, Lage und Form von Muttermalen, Narben, Warzen, etc. und eventuell vorhandener Tätowierungen.

Dann erfolgt die Abnahme der Fingerabdrücke: Rechter Daumen, Zeigefinger usw. Dann die kommt die linke Hand an die Reihe. Zum Schluss werden die Abrücke der Handflächen und die der Handkanten gefertigt.

Erst im November 1911 hatte das damalige Kaiserreich die Abnahme der Fingerabdrücke eingeführt. Viel später erfolgte auch die der Handflächenabdrücke.

Zuvor wurde ein anderes System, das die Identifizierung von Kriminellen ermöglichen sollte, praktiziert.

Andrej hatte lange im Osten Berlins gelebt und spricht deshalb passabel deutsch und ist, warum auch immer, gesprächig.

Ich lasse ihn gewähren.

Ganz im Gegenteil, schön, wenn einer »redet« - es erleichtert die Arbeit (der Betroffene ist ruhiger) und es kann nebenbei zu neuen Erkenntnissen führen, ohne dass einem die Verteidigung später den Vorwurf der Geständniserpressung oderAnderes vorwerfen könnte....

Im Laufe der Jahre zeigte die Erfahrung, dass mir bei der ED-Behandlung gegenübersitzende Menschen, egal ob Mörder oder »kleiner Hühnerdieb«, einfach besser zu »handeln« sind, wenn man normal und vernünftig mit ihnen spricht und umgeht. Nicht von oben herab. So kann sich sogar eine Art Vertrauensverhältnis aufbauen.

So erzählt Andrej mir nebenher nochmals, ohne dass ich ihn dazu aufgefordert hätte, dass der Micha ihn auf das Übelste beleidigt habe: Eben Mutterficker usw...

43

Ich sage ihm, dass ich das, was er daraufhin getan hat zwar nicht gutheißen kann, doch bitte ich ihn, mir dann doch zu sagen und anhand eines in seine Hand gegebenen Kugelschreibers zu zeigen, wie denn das mit dem Messer, wenn er sich denn überhaupt daran erinnern könne, gewesen wäre.

Er macht das Spiel mit und erklärte es mir so:

»Ich habe dieses Messer (es war zwischenzeitlich an dem von ihm angegebenen Ort gefunden und sichergestellt worden - seine Beschreibung desselbigen stimmt) *in der rechten Hand gehabt.*

Die Klinge hat halt so - und er machte es mit dem Kugelschreiber vor - *zwischen Daumen und Zeigefinger gerade so, wie ich es zeige, nach vorne gezeigt.*

Immer und immer wieder habe ich dem Micha gesagt: Hör auf mich zu beleidigen.

Eigentlich wollte ich ihn durch dieses Drohen nur zum Schweigen bringen.

Dann habe ich aber mit der rechten Hand zugestoßen.

Einfach so, gerade nach vorne, es ist reingegangen wie in Butter...«

Es folgte das Wegschubsen mit der linken Hand. Das Messer, er hatte es ja in der Hand, sei dadurch wie von selbst wieder aus der Brust herausgekommen.

Folge: Micha sei nach hinten gefallen und auf der Couch gelandet.

Dort wollte er ihn nicht mehr angefasst haben.

Nach dem Griff in die Jacke an der Türe und dem Finden des Rauschgifttütchens sei er einfach gegangen.

Ich sage ihm, dass er mir viel erzählen könne. Glauben würde ich ihm gar nichts, denn seine Schilderung des Tathergangs passe einfach nicht zum Befund der Obduktion.

»Nein, genauso ist es gewesen!« bleibt er beharrlich bei seiner Aussage!

Doch seine Version stimmt eindeutig nicht.

Der Stichkanal verlief von links oben außen nach rechts unten innen und nicht annähernd waagerecht, also mehr oder weniger im rechten Winkel zum Körper des vor Andrej stehenden Micha, noch dazu, weil beide annähernd gleich groß sind.

Die folgenden Ermittlungen zeigten, dass beide, er und Micha, in nicht unerheblichem Umfang in den Zigarettenschmuggel (damals in der Hand vieler Vietnamesen in Ostberlin) in der DDR und auch Rauschgiftgeschäfte verwickelt waren und offensichtlich zwischen den beiden noch einige Rechnungen offen waren.

Finger- und Handflächenabdrücke wurden damals üblicherweise noch mit der Dienstpost dem Sachgebiet Daktyloskopie beim Bayerischen Landeskriminalamt übersandt.

Die von Andrej abgenommenen bringe ich zusammen mit entsprechendem Spurenmaterial persönlich zur Daktyloskopie.

In der Folge waren nämlich durch uns die sichergestellten Gegenstände aus der Unterkunft auf entsprechende Spuren untersucht worden.

Auf diesen hatten wir doch einige auswertbare Spuren gefunden, die wir Andrej, Micha oder anderen Beteiligten zuordnen wollten.

Natürlich wurden daher auch die uns bekannten, in der Wohnung anwesend gewesenen Russen vorgeladen.

Dasselbe Prozedere, nur nennt man dies in dem Fall nicht Erkennungsdienstliche Behandlung, sondern Abnahme von Vergleichsabdrücken.

Und natürlich wurden von mir auch die des Micha, nach seiner Rückkehr aus München, in der Leichenhalle des Zentralfriedhofs in Kempten abgenommen.

Die meisten gesicherten Spuren konnten dem Toten und seinen »Freunden« zugeordnet werden. Eine stammte auch von dem Anrufer aus dem Kunzhaus in der Tatnacht.

Ein paar Spuren blieben aber, wie man so sagt, „offen".

Komisch war nur, dass der Anrufer, seit der Abnahme seiner Vergleichsabdrücke, nie mehr, weder in Kempten noch in der ganzen BRD aufzutreiben war.

Hatte dieser sich eventuell abgesetzt? Wenn ja, warum, wenn er nichts mit der Sache zu tun hatte?

Oder war er vielleicht doch auch direkt in den Fall verwickelt?

Wieder Fragen über Fragen.

Eine wenigstens war ungefähr nach einer Woche mit dem Eintreffen des Ergebnisses der chemischen Untersuchung der lilafarbenen Anhaftungen an Hals und Kinn unseres Micha geklärt:
Eindeutig Lippenstift mit der Aufgliederung von Farbsubstanzen, Fett- und anderen Bestandteilen.
Die nun erfolgten Nachermittlungen bei Michas tollen »Freunden« ergaben, dass diese anlässlich dessen Geburtstages zwei Damen eines gewissen Gewerbes angeheuert hatten.
Die beiden wurden sogar ermittelt. Sie gaben an, abgehauen zu sein, als dieser Micha etwas grober geworden sei.
Der Prozess erfolgte vor der großen Strafkammer am Landgericht Kempten.

Das Urteil: Acht Jahre Freiheitsstrafe wegen Totschlags im minderschweren Fall.
Die Kammer hatte keine Möglichkeit gesehen...
Die Aussagen des Angeklagten, er wäre von seinem Gegenüber auf das Übelste beleidigt worden, konnten nicht widerlegt werden...

Es steht mir nicht an, die Justiz kritisieren zu wollen.

Aber komisch finden darf - ich - man das Ganze schon...

Ein verhinderter Suizid

- fast schon lustig!

Sonntagnachmittag!
Ein herrlicher Sommertag im schönen Oberallgäu! So, wie ihn sich ein jeder eigentlich wünscht: Baden, Wandern, Bergsteigen oder auch nur Faulenzen...

Auch Ignaz, nennen wir ihn einfach so, freut sich seines Lebens - jedoch mit einer kleinen Einschränkung:
Manuela, seine „Geliebte", ist nicht bei ihm. Nicht, dass sie ihn für immer verlassen hätte, oder vielleicht doch...? Sie, Manuela, fast 30 Jahre jünger als Ignaz - wird so schnell auf jeden Fall nicht wiederkommen!
Die Manuela hatte sich schon einige Zeit nicht mehr bei Ignaz blicken lassen.
An diesem Sonntagvormittag aber war sie überraschend wieder bei ihm aufgetaucht.
Zur Begrüßung gab es von Ignaz sogleich eine gehörige „Watsch'n", worauf Manuela ihre Aufenthaltsdauer abrupt verkürzte. Sie rieb sich die schmerzende Backe - und war verschwunden.
Nun, dies alles wäre allein für sich noch nicht ungewöhnlich gewesen, weil schon des Öfteren geschehen.
Den Grund hierfür mag sich der Leser selbst ausmalen.

Oft, wenn sich die beiden stritten, war es zu der genannten Handgreiflichkeit gekommen. Und dies hatte jeweils zur Konsequenz, dass Ignaz alleine zurückblieb.
Auf die Frage, was denn jetzt passiert war, erzählt Ignaz: »Manuela, „die große" Liebe, weil - aber...!«
Weiter schwärmt er, dass man mit ihr alles, ja auch gar alles machen könne, weil - aber...!

Auf die nachbohrende Frage, was er denn mit weil und aber meine, beschreibt er ohne Umschweife angeblich einzigartige akrobatische Fähigkeiten seiner Angebeteten auf dem Gebiet der körperlichen Liebe.
Man könne sie sogar auf den Kopf stellen.
Die Erinnerung hieran lässt seine Äuglein funkeln.
Dann aber spart er trotzdem nicht mit Kraftausdrücken für die Liebste.
Diese kann und will der Schreiber hier nicht unbedingt wiedergeben.
Die Zirkusprinzessin war offensichtlich manchmal doch nicht mit allem, was ihrem Herrn Galan so vorschwebte, einverstanden und so kam es immer wieder zu diesen Streitigkeiten, die dann von Ignaz' Seiten immer, wie beschrieben, beendet wurden.

Sonntagnachmittag! Ein herrlicher Sommertag im schönen Oberallgäu!
An diesem Punkt sind wir also wieder angelangt:
Ignaz, von dem wir bis jetzt nur seinen Namen, aber sonst wenig wissen, gerade mal 54 Jahre alt, verdiente sein Geld einmal als Holzknecht.
Sogar in Kanada, wie er erzählt, sei er beim Holzfällen gewesen.
Einmal habe es aber ein unliebsames Treffen gegeben: Ein fallender Baumstamm habe ihn und damit auch seinen Schädel gestreift.
Als Notfall sei er ins Krankenhaus gebracht worden. Dort sei eine wässerige Flüssigkeit aus seiner Nase geflossen, worauf er der Schwester geklingelt habe.
»Bua, do sind dia Dokter aber g'sprunga!« erzählt er.
Man hatte damals einen Schädelbasisbruch attestiert und vielleicht blieb dabei ja etwas »hängen«, wer weiß...?

Manuela ist also weg!

Ignaz setzt sich auf die Bank vor seinem kleinen Häuschen an der Stadtgrenze von Sonthofen. Ehemaliges Austragshaus einer Bauernfamilie.
Erdgeschoss und Dach - was braucht der Mensch schon mehr?
Vor allem bei der herrlichen Aussicht auf den Grünten und die anderen Allgäuer Berge!

48

Ignaz sitzt also vor dem kleinen Anwesen. Doch ist er nicht allein. Neben ihm steht eine weitere Freundin.

Eine Kiste Bier. Und dieser zweiten Freundin, dem Gerstensaft, gibt sich Ignaz so mit der Zeit nach und nach hin. Nicht maulfaul, obwohl waschechter Allgäuer, plärrt er mit dessen zunehmendem Konsum immer lauter vor sich hin, dass er sich wegen der »*bleeden Kuah*« nun umbringen werde.

Und so bleibt es nicht aus, dass dies alles sein Nachbar hört.

Der sitzt nämlich mit seiner Familie auf der Terrasse schräg gegenüber und genießt Kaffee und Sonntagskuchen.

Ignaz will endlich zur Tat schreiten und verschwindet mit den Worten: »*So, jetzt häng' i mi auf!*« im Haus.

Den Nachbarn rührt das Gewissen! Jahrelang wohnt man in nächster Nachbarschaft, da kann man doch nicht...

Also eilt er hinüber. Er findet Ignaz schon unter dem Dachgebälk auf einer Leiter stehend mit einem Kälberstrick in der Hand. Den hat er bereits an der Firstpfette festgezurrt und war gerade im Begriff, sich das andere Ende des Stricks, zur Schlinge geformt, um den Hals zu legen.

»*Ignaz, gang ra, des kasch du doch it macha!*«, ruft ihm der Nachbar entsetzt zu.

Ignaz kümmert das wenig:

»*Leck mich am Ar... und schleich di! I häng mi jetzt auf!*«, wiederholt er seine Worte und hantiert munter weiter mit dem Strick.

Ein Wunder, dass er sich auf der Leiter halten kann.

In seiner Verzweiflung ergreift der Nachbar ein zufällig herumliegendes Beil und mit diesem schlägt er die Leitersprosse, auf der Ignaz steht durch, einfach durch!

Ignaz fällt!

Aber nicht in die Schlinge, den Strick hat er noch nicht so richtig um den Hals.

Er landet mit Poltern, und nur mit diesem, auf den Dielen des Dachbodens.

Wieder aufgestanden, wischt der sich den Staub von der Hose. Sein Retter nötigt ihm das hoch und heilige Versprechen ab, nun keinen Blödsinn mehr zu machen:

»Ignaz, du hosch doch selber gsait, dass se a bleede Kuah isch. Und zwegs'ra bleeda Kuah hängt ma si do it auf, oder?!«

Ignaz gibt ihm das Versprechen - natürlich eine Lüge!

Insgeheim hatte er schon einen anderen Beschluss gefasst, wie es ihm gelingen könnte, seinem mühsamen irdischen Weg ein Ende bereiten zu können.

Sein Entschluss: Er will jetzt den Feuertod erleiden!

Und von diesem, seinem festen Entschluss, wird ihn auch sein Herr Nachbar nicht abbringen können! Denn diesmal hält Ignaz seine Zunge in Zaum.

Er setzt sich zunächst aber wieder vor seine Hütte. Das restliche Bier will vernichtet werden.

In ihm kommen Details für seinen Plan hoch. Diesen will er dann abrupt in die Tat umsetzen.

Das Bier zeigt halt doch seine Wirkung...

Er geht ins Haus. Im Flur steht sein Mofa. An diesem öffnet er den Sprithahn und zapft ein Stamperl Zweitakter-Gemisch ab.

Dieses schüttet er in seine Bettstatt, legt sich hinein und dreht einmal am Zündrädchen seines Feuerzeugs.

Kurz darauf schlagen Flammen aus der nun mit Benzin und Öl leicht getränkten Matratze.

»Bua, wird des hoiß! Do bleib i it liege! Do hau i do glei wieder ab!«, mault er vor sich hin, und als viele kleine Flammen hochschlagen springt er aus dem Bett. Wild um sich schlagend, um die wenigen Flämmchen, die seine Kleidung erfasst hatten, zu ersticken, rennt er nach draußen.

Dort steht er nun und wartet und langsam aber sicher fängt das Häuschen Feuer - Rauch und Flammen steigen auf - und es beginnt niederzubrennen.

Die vom Nachbarn herbeigerufene Feuerwehr kann Ignaz' weniges Hab und Gut nicht mehr retten.

Eigentlich endet diese Geschichte hier und der Rest ist daher schnell erzählt:

Die Polizei von Sonthofen nimmt Ignaz mit. Bei ihr darf er den restlichen Nachmittag und die anschließende Nacht in einer Zelle verbringen.

Am Morgen darauf, in Kempten, wird er bei der Kripo erkennungs-dienstlich behandelt. Von wem? Von mir!

Sonst wüsste ich ja all dies nicht, was Ignaz mir erzählt hat.

Auf meine scherzhafte Frage, wie es denn nun mit ihm weiterginge, ant-wortet er:

»Du, dia andra vo eich hand gsait, dass ma mi nocha zum Richter bringa wird.«

Und lapidar fügt er hinzu: *»Woisch, des sag i dir aber scho glei: Hoffentlich sperrt der mi fei au ei!*

Suscht muass i mi ja glatt doch no aufhänga!«

Die Cowboystiefel

- in Wildwestmanier...

Kempten.
Terrassenwohnanlage an einer der Ringstraßen.
Erstes Obergeschoss.
Im Treppenhaus einige Leute. Auch Polizisten. Auch der Chef der Kripo.
Die Türe zu dem Appartement, in dem die Leiche gefunden worden war, steht offen.
Im Raum stehen mehrere Kollegen der Kripo und, man hört die Stimmen bis ins Treppenhaus, unterhalten sich.
Man muss sich dieses Appartement so vorstellen: Wohnungstüre, schmaler kurzer Gang, von dem nach rechts eine Türe zur Dusche/WC führt und geradeaus ein etwa 22 Quadratmeter großer Raum mit durchgehender Fensterfront und davorliegender Loggia nach Süden hin. Gegenüber, quasi an der Zwischenwand zur Dusche eine Küchenzeile.
Sofort war mir aufgefallen, dass der Bodenbelag im Bereich der Wohnungstüre, billiges Stragula als Linoleumersatz, nach innen umgeschlagen war.
Ich bitte den Chef, sofort zu veranlassen, die anderen im Sinne einer vernünftigen Spurensicherung vom Tatort abzuziehen, was er dann auch macht.
Meine Frage, ob irgendjemand eventuell Schuhabdruckspuren auf dem Stragula gesehen und eventuell gesichert hätte, wurde mit »*Ach, da brauchst du nicht mehr zu suchen. Da sind schon Bataillone darübergelatscht!*« beantwortet.
Die Antwort auf die Frage, ob irgendetwas verändert worden sei, war: »*Nein, natürlich nicht!*«. Nur Fotos seien gefertigt worden.
So machte ich mich zusammen mit Getrud etwas verärgert an die Arbeit. Auch fotografierten wir wiederum alles.

Das Appartement war normal möbliert: Tisch mit mehreren Stühlen, kleinere Schrankwand, französisches Bett. Die Glastüre zur Loggia nicht verriegelt.

Die Leiche, eine allein wohnende junge Frau, war von ihrem Vater, der sie telefonisch nicht hatte erreichen können, obwohl sie eigentlich zu Haus hätte sein müssen, gefunden worden. Er hatte einen Schlüssel zum Appartement.

Sie lag rücklings etwa mittig im Raum, die Arme seitlich vom Körper weggestreckt, die Hände blutig, die Beine gespreizt, der Kopf nach links gedreht, das Gesicht blutverschmiert, die Unterlippe aufgeplatzt, die Nasenöffnungen blutig verkrustet, bekleidet nur mit einem ebenfalls blutbehafteten weißen bis knapp über den Nabel reichenden Trägershirt.

An der Vorderseite des Halses dunkelblau bis violett konturierte Abdruckspuren.

Auf den Unterschenkeln eine umgeschlagene Bettzudecke ohne Blutanhaftungen.

Zurück zur Frage nach etwaigen Veränderungen am Tatort.

Natürlich war etwas verändert worden, wie die Diskrepanz der gefertigten Fotos zeigte. Ursprünglich hatte die Bettdecke den Körper der Toten bis zum Hals abgedeckt. Irgendeiner der Kollegen hatte sie umgeschlagen.

Unter dem Körper hindurch verlief das Kabel eines Schnurtelefons, dessen Hörer ebenfalls am Boden lag.

In der Dusche/WC finden sich Bluttropfspuren auf dem Fußboden und blutige Wischspuren an der Türinnenseite. Im Bereich des umgeschlagenen Stragulas ein gebrauchter Tampon, hier auch ein größeres Teil und zwei kleinere Teile aus Hartplastik. Das größere Teil, leicht gewölbt und auf der Oberseite fein gerieffelt. Auch meinte man ansatzweise die Bohrung für das Anbringen dieses Teils mittels einer Schraube zu erkennen. Einer der kleinen Teile ließ sich nahtlos an das große anfügen - eine Passspur - perfekt!

Das geschulte Auge erkannte hier Teile der Griffschale einer Handfeuerwaffe.

Passspuren sind individuell und damit einmalig zusammengehörende Dinge. Mag es sich um ein zerrissenes Blatt Papier, ein von einer Rolle abgerissener Streifen Leukoplast, einen zerbrochenen Bleistift, einen Lackpartikel, der zu einem Schaden an einem Auto oder sonst wo gehört, oder eben, wie hier, um die Griffschale einer Handfeuerwaffe handeln.

Auf dem Teppich neben der Leiche liegt ein vierlöcheriger Hemdenknopf mit grauen Fadenresten.

Schlussendlich heben wir dann die Bettdecke ab.

Jetzt zeigt sich, dass der Genitalbereich blutig ist. Nun, die Frau hatte ja offensichtlich ihre Tage aber nach diesem sah das Blutbild, wie es sich uns zeigte, nicht aus.

Nach den Leichenerscheinungen musste der Tod in den frühen Abendstunden eingetreten sein.

Gleichzeitig zu unserer Tatortarbeit liefen natürlich die Ermittlungen im Umfeld, heißt, Nachbarschaftsbefragungen sowie die Vernehmungen ihrer Eltern und Freunde.

Von diesen wurde in Erfahrung gebracht, dass die junge Frau die Angewohnheit hatte, sich nackt oder auch nur äußerst spärlich bekleidet - ihr gutes Recht - in ihrer Wohnung zu bewegen.

Der unmittelbar linke Nachbar der Getöteten, über den quasi niemand etwas sagen konnte, war bis zum Abend und auch am nächsten Morgen nicht zu erreichen.

So wurde dessen Arbeitsstelle ermittelt und konnte dort auch angetroffen werden.

Er, ein junger Mann von knapp über 21 Jahren, gab an, dass er die Getötete vom Treppenhaus her kenne, mit ihr aber nie gesprochen habe. Sicherlich habe sie ihm gefallen aber er hätte sich nie getraut sie anzusprechen.

Der Mann war bei seiner Vernehmung immer aufgeregter geworden. Nein, er habe die Frau schon Tage nicht mehr gesehen. Ja, er wäre am Vorabend zu Hause gewesen.

Zuvor habe er eine Gastwirtschaft in der Nähe aufgesucht gehabt und dort drei oder vier Bier getrunken. Ja, auch zu Hause habe er noch ein Bier aufgemacht.

Nein, er habe keine Schreie oder ähnliches gehört.

Selbstverständlich dürfe sich die Kripo in seinem Appartement umschauen und auch seinen Spind im Umkleideraum der Firma in Augenschein nehmen.

Als die Kollegen diesen durchsuchten, fanden sie eine Plastikeinkaufstüte und in dieser ein kariertes Hemd und ein Paar Cowboy-Stiefel.

Und plötzlich sprudelte es aus ihm heraus:

Er müsse etwas berichtigen: Natürlich habe er die Frau schon am Vorabend gesehen als er nach Hause gekommen war.

Gewohnheitsmäßig hätte er, es sei ja schon dunkel gewesen und in deren Wohnung habe Licht gebrannt, sich über die Mauer zwischen ihren beiden Appartements gebeugt und dort hineingeschaut.

Sie, die nur mit einem Shirt bekleidet gewesen sei, habe telefoniert.

Dies habe ihn sofort sexuell erregt und dann hätte er plötzlich bemerkt, dass die Terrassentüre nicht zu, sondern nur angelehnt gewesen sei.

Die Gelegenheit für ihn!

Er sei zurück in seine Wohnung. Dort habe er sich bis auf das Hemd ausgezogen und sei nur in die Cowboy-Stiefel geschlupft.

Zu seiner Sicherheit und als Druckmittel habe er den alten Schreckschussrevolver aus der Schublade seiner Kommode mitgenommen und sei zurück auf die Loggia gegangen.

Als er wieder hinübergeblickt habe, sei die Frau aber nicht mehr da gewesen:

So bin ich halt einfach rübergeklettert und rein. Die war aber nicht mehr da und so habe ich mich dort in ihrem Zimmer überall umgeschaut. Als ich zur Türe zum WC kam, ging diese auf und die Frau stand plötzlich vor mir.

Sie ist natürlich erschrocken - ich hatte ja den Revolver in der Hand - und hat sofort zu schreien angefangen.

Das musste ich doch verhindern und habe ihr deshalb mit der Faust ins Gesicht geschlagen und sie zurückgeschubst.

Sie hat sofort geblutet und noch mehr geschrien.

Deshalb habe ich sie gepackt und in den Wohnraum gezerrt.

Weil sie immer weiter schrie und sich auch wehrte und mich kratzte, ließ ich meinen Revolver - der war eh nicht geladen - fallen und fing an, sie mit beiden Händen zu würgen, bis sie etwa in Raummitte röchelnd zusammenbrach und dort dann einfach reglos dalag.

Ich wollte die Frau - ich hatte bisher noch mit keiner Frau geschlafen - jetzt, naja, halt vergewaltigen.

Das ging aber nicht, da in ihrer Scheide ein Tampon war. Diesen habe ich herausgezogen und einfach weggeschlenzt.

Dann ging bei mir aber nichts mehr, weil ich da dann keinen Ständer mehr gehabt habe - einfach weg.

Dann hab' ich halt mit der rechten Hand, ja, ich bin Rechtshänder, an und in ihr rumgemacht.

Irgendwann habe ich das aber auch bleiben lassen und dann kam mir, dass ich jetzt fällig bin, wenn die mich anzeigt und das wird die sicherlich tun. Sie weiß ja, dass ich ihr Nachbar bin.

So kniete ich mich über sie und fing an, sie erneut zu würgen. Doch die fing wieder zu röcheln an und hörte nicht auf.

Da bin ich dann halt aufgestanden und habe mich mit meinem rechten Fuß auf ihren Hals gestellt. Ich habe mich mit meinem linken Fuß vom Boden abgestoßen und...

da gab es nach ganz kurzer Zeit ein leicht knackendes Geräusch.

Und - dann war Ruhe.

Ich wollte noch ein Bild von ihr mitnehmen, doch...

...so hob ich meinen Revolver auf und habe dann die Terrassentüre, die ich ja angefasst hatte, mit einem herumliegenden Tuch abgeputzt.

Da mussten ja meine Fingerabdrücke drauf sein.

Anschließend bin ich über die Mauer zurück in meine Wohnung.

Dort habe ich festgestellt, dass mein Hemd blutig war und ein Knopf fehlte.
Den muss mir die Frau abgerissen haben.
Weiter stellte ich fest: Ein Teil der linken Griffschale meines Schreckschuss-
revolvers fehlt. Die war schon vorher kaputt, aber jetzt...
Ich war ganz fertig und eigentlich wollte ich nochmal hinüber um den Knopf
und die Griffschale zu holen. Ich habe mich aber nicht mehr getraut...
So habe ich meine Hände und mein Gesicht gewaschen. Ich war ja blutig -
vom Zuschlagen und vom Kratzen.
Ich hab mich umgezogen, die Sachen eingepackt und bin zu meiner Mutter.
Dort habe ich übernachtet.
Am nächsten Morgen bin ich zur Arbeit, habe die Tüte in meinem Spind
versteckt und nun ist es vorüber...«

Die Frau musste durch die Hand des Nachbarn, eines Spanners, sterben...

Im Verlauf der Hauptverhandlung gegen ihn wurde natürlich erörtert, dass der junge Mann eine körperliche Behinderung aufwies, auf die ich hier nicht näher eingehen will, die man ihm aber nicht ansehen konnte. Durch diese war es auch zu Problemen bei der Kontaktaufnahme zum weiblichen Geschlecht gekommen.
Laut Gutachter, obwohl schon knapp über 21 Jahre alt, könne er aufgrund dieser Behinderung nicht einem Erwachsenen im Sinne des Strafrechts gleichgestellt werden und deshalb müsse das Jugendstrafrecht zur Anwendung kommen, was schließlich dann auch geschah...

Mehrjährige Jugendhaftstrafe...

Mein Eindruck:
Die allergrößte Strafe für diesen - zugegeben - armen Teufel, was ihn keinesfalls berechtigt, jemanden zu töten, wäre gewesen, wenn er nie hätte über das Geschehene reden dürfen...

Hilfe, Überfall!

- dreist, oder einfach nur dumm?

Um 5:15 Uhr an einem Montagmorgen geht der Anruf einer männlichen Stimme über den Notruf 110 bei der Polizei ein:
»Ich stehe hier unten an der Straße unterhalb der Raiffeisenbank in … Man hat mir die Aktentasche geraubt. In dieser waren zwei Geldbomben, die ich am Nachtschalter der Bank einwerfen wollte. Ich warte auf Sie!«

Sofort werden zwei Streifenbesatzungen in den kleinen Ort im Landkreis Oberallgäu beordert. Die Anfahrt dorthin dauert unter normalen Umständen von Kempten aus rund acht bis zehn Minuten.
An diesem Tag dauert es etwas länger. Es ist tiefster Winter und der Schnee liegt schon ungefähr einen halben Meter hoch. Und es schneit, nicht heftig, aber doch stetig und die Kreisstraße zwischen Kempten und diesem Ort ist noch nicht geräumt.
Und natürlich herrscht noch vollständige Dunkelheit!

Als die erste Streife eintrifft, steht der Mann auf dem Parkplatz vor der Bank. Dieser ist von der Kreisstraße aus befahrbar. Dazu muss man wissen, dass das Gebäude der Bankfiliale an einem Hang liegt.
Entgegengesetzt zur Fahrtrichtung steht seitlich der Fahrbahn ein Pkw. Der Mann winkt den Beamten und gibt sich als der Überfallene zu erkennen. Er scheint aufgewühlt zu sein. Der Pkw sei seiner, erzählt er den Beamten.
»Ich wohne hier im Ort, da oben (zeigt hinauf) *und bin eigentlich auf der Fahrt nach Kempten zu meiner Arbeit. Ich betreibe da eine Tankstelle und sollte eigentlich aufsperren. Als ich von daheim weggefahren bin, habe ich meine Aktentasche mitgenommen. Es ist eine braune, ziemlich neu, aus Leder«*, sagt er.
»In dieser waren zwei Geldbomben, die ich vorhin einwerfen wollte.

Doch da war plötzlich dieser Mann. Keine Ahnung, wo der hergekommen ist.
Der hat mich mit einem Messer bedroht, mir die Tasche aus der Hand gerissen und ist verschwunden.
In diese Richtung«, und er deutet zur Dorfmitte hin.
»*Ich habe noch einen Automotor aufheulen gehört. Ich habe aber kein Auto wegfahren gesehen. Also hier ist er auf jeden Fall nicht vorbeigekommen. Mehr weiß ich nicht, außer, dass es mich jetzt friert.«*

Inzwischen war auch der zweite Streifenwagen eingetroffen. Dessen Besatzung und die eines dritten Wagens machten sich auf die Suche nach dem Fluchtfahrzeug.
Eigentlich gab es nur zwei Möglichkeiten:
Die eine auf der Kreisstraße nach Norden in Richtung … und von dort zur Auffahrt der Autobahn A7.
Die andere in Richtung …, sollte das Fluchtfahrzeug nach der Gaststätte Hirsch links abgebogen sein.
Den Besatzungen fallen auf der doch gut schneebedeckten Fahrbahn aber nur relativ frische Fahrspuren in Richtung Süden, also in die entgegengesetzte Richtung, die nach Kempten, auf.
Wer fährt um diese Zeit bei diesem Wetter auch aus der Stadt aufs Land, wenn er nicht unbedingt muss?
Doch hatte der Überfallene nicht gesagt, das wegfahrende Fahrzeug des Täters sei nicht nach Süden gefahren?
Die am Tatort zurückgebliebene Streifenbesatzung kümmerte sich um das Opfer und verständigte die Einsatzzentrale über die weiteren Angaben des Mannes.

Inzwischen war es fast 06:30 Uhr. Die ersten Kollegen der Kripo trudelten auf der Dienststelle ein.
Zwei aus dem Kommissariat 2, welches zuständig war für Raub, Einbruch und Betrug, wurden nach … geschickt. Die uniformierten Kollegen versicherten den beiden, dass lediglich einer von ihnen durch den Schnee

auf dem Parkplatz der Bankfiliale bis zum bezeichneten Nachtschalter gewatet sei.

Dabei habe er aber in seinem Taschenlampenlicht nur eine vom Pkw des Überfallenen hin zum Nachtschalter führende Fußspur, aber auch nur eine von dort zurück zum Pkw des Opfers führende, feststellen können.

Nun wurde auch der Erkennungsdienst in Marsch gesetzt. Mit Kollegin Gertrud Stadler, die mir im Büro schon einige Jahre gegenübersaß, machte ich mich, nachdem wir alles benötigte in unserem Tatort-Kombi verstaut hatten, auf den Weg zum Tatort.

Als wir dort eintreffen, zeigt die Uhr nun schon 07:35 Uhr, das Thermometer 28° C unter 0.

Trotz des dicht wolkenverhangenen Himmels beginnt es zu dämmern. Auch schneit es immer noch leicht, mehr ein Flimmern.

Die Beamten des K 2 fahren gemeinsam mit dem Opfer zur Dienststelle. Sie sprechen mit ihm und stellen Fragen:

»Schlimm, was Ihnen da passiert ist!
Wann haben Sie gestern Ihre Tankstelle zugemacht?
Wieviel Geld war denn in den Geldbomben?
Aber warum haben Sie diese eigentlich nicht schon gestern Abend in den Nachtschalter der Bank eingeworfen, sondern mit nach Hause genommen?«

Auf der Dienststelle verstrickt der Mann sich dann in immer mehr Widersprüche.

Gertrud und ich machen am Tatort unsere Arbeit und dokumentieren alles.

Dabei helfen uns die Angaben der uniformierten Kollegen sehr.

Unsere Feststellungen, die jene der Kollegen bestätigen, teilt Getrud per Funk über die Einsatzzentrale der Dienststelle mit:

Am Tatort kann sich zur Tatzeit anhand nicht vorhandener weiterer Spuren (lediglich die des hinzu gekommenen Polizisten) nur eine Person aufgehalten haben:

Der Täter!

Und dieser kann nur das Opfer selbst gewesen sein!

Mit dieser Tatsache und auch dem konfrontiert, was sich bei den ersten Ermittlungen am Vormittag zu dessen finanziellen Verhältnissen aufgetan hatte, legt der Mann, das vermeintliche Opfer, also der Täter, bereits mittags ein Geständnis ab und räumt seine finanziellen Probleme ein. Ihm täte dies auch alles leid!

Nach getaner Arbeit fahren Gertud und ich frierend zurück zur Dienststelle. Zuvor hatten wir uns noch eine wohl verdiente Brotzeit gekauft. Eine solche hatten wir schon öfter in einer kleinen Metzgerei in der Memminger Straße geholt.
Der Meister bedient uns selbst. Seine rohen Pfefferbeißerwürste damals: Einfach genial!
Doch was er Brotiges dazu bieten könnte?
»Ja! Do luagat her, do hand mir Semmel oder Mohnsemmel, Brezga und au Laugahörnle. Au Seela hättet mir - bloß heit it - dia sind nämlich scho aus!«
Man muss es sich auf der Zunge zergehen lassen, und Gertrud und ich lächeln heute noch, wenn wir uns ab und zu im Jahr auf einen »Frühschoppen« treffen, immer wieder über diesen Ausspruch des Herrn Metzgermeisters...

Delikt: Vortäuschen einer Straftat.

In der weiteren Abfolge werden die Aktentasche und die beiden Geldbomben auch beim Täter zu Hause sichergestellt.
Dreist, und der Mann dachte in seiner Not einfach nur:
Frechheit siegt?

Fehlgeschlagen...

Das tote Mädchen im Baum

- tragisch...

Mitte der 1980er Jahre.

Samstag, 1. Januar. Vor rund zehn Stunden hatte ein neues Jahr begonnen. Neujahr! Der erste Tag des Jahres!

Es ist kurz nach 10 Uhr Vormittag, ich freue mich auf die Übertragung des Neujahrskonzertes der Wiener Philharmoniker und bereite nebenher unser Mittagessen vor.

Doch dann klingelt das Telefon. Es ist die Einsatzzentrale:

»Du, zunächst mal ein gutes Neues Jahr, aber du solltest gleich nach Maierhöfen beziehungsweise dort in die Nähe - die genaue Adresse wird mir genannt - *fahren.*

Da haben Kinder ein totes Mädchen oder eine junge Frau gefunden...

Der KBvD ist schon vor Ort und braucht dich!

Übrigens, außer der Tatsache, dass die »am« oder »im« Baum hängt, weiß keiner noch gar nix.

Nicht mal der Name von der steht fest.

Aber das wird dir alles der Klaus dann ja erzählen. Mehr weiß ich nicht.

Dann dir nochmals ein gutes Neues Jahr!«

So, nun wusste ich es. Dies musste ich kurz meiner besseren Hälfte und den Kindern klar machen:

»Der Papa muss jetzt mal wieder weg!«

Kurz darauf saß ich im Auto und fuhr zur Dienststelle. Rückfrage bei der Einsatzzentrale. Keine neuen Erkenntnisse. Fotoausrüstung und alles, was man als ED'ler so benötigt, geschultert und im TO-Kombi verstaut, geht die Fahrt über Isny in Richtung Maierhöfen.

Herrlichstes Winterwetter, blauer Himmel, auch wenn kein Schnee liegt (ich brauche keinen...).

Die Örtlichkeit:
Ein freistehendes Einfamilienhaus in Hanglage mit Einliegerwohnung an der Staatsstraße St13...
Ebenerdig zur Straße ein großflächiger, geteerter, zum Haus gehörender Parkplatz.
Seitlich der Zufahrt zum Parkplatz ist die Fahrbahn durch einen etwa vier Meter breiten Grasstreifen getrennt. Auf diesem stehen zwei vielleicht 15 Meter hohe Fichten, die viele Ästen tragen. Das Geäst reicht fast bis ganz auf den Rasen. Quasi eingewachsen in die nur etwas mehr als drei Meter auseinander stehenden Bäume:
Ein schmiedeeisernes Wegkreuz, die Figur des Gekreuzigten nach Osten schauend.

Klaus G., der KBvD - Kriminalbeamte vom Dienst (an diesem Tag) - aus Lindau nimmt mich in Empfang.
Wir befinden uns auf bayerischem Boden - somit ist die Kriminalpolizeistation Lindau zuständig.
Neben Kaufbeuren ist es die zweite Außenstelle der Inspektion Kempten.

»Servus Manfred, schön, dass du schon da bist!
Das ist eine ganz blöde Geschichte!
Stell dir vor, die Kinder, die die Tote gefunden haben, sind hier mit ihren Eltern in Kurzurlaub.
Die sind aus dem Rheinland und waren über Weihnachten hier bei den Hausleuten und wollen nun heimfahren.
Der Mann muss am dritten Januar wieder arbeiten.
Die Eltern wollten packen und das Auto beladen. Deshalb haben die Kinder hier unten mit denjenigen der Gastgeber Fußball gespielt.
Da hat dann einer von ihnen versehentlich den Ball unter diese Bäume geschossen und als sie ihn holen wollten...
So, jetzt stehen wir da vor diesen Bäumen und niemand kennt die da.

Weder die Hausleute noch jemand von den Nachbarn, die auch schon da waren. Aber wie auch, du siehst ja, wie weit die nächsten Häuser weg sind.«

Der von den Kindern unter die Bäume geschossene Ball liegt immer noch dort.

Natürlich hatten alle, nachdem derjenige, der den Ball holen sollte und dabei die Leiche entdeckt und sich erschrocken hatte, nur Zeter und Mordio geschrien. So nahm die Sache ihren Lauf...

Dem Leser ist zwischenzeitlich die Aufgabe des ED'lers bekannt: Fotografische Dokumentation.

Feststellung, ohne dass irgendetwas an oder im Bereich der Bäume verändert worden wäre, dass dieser menschliche Körper, schlank, zierliche Gestalt, augenscheinlich bekleidet mit einer Jeanshose, einem Pullover und darüber einer Jacke, fast direkt, das Gesicht zum Stamm gewandt, an diesem steht.

Die Spitzen beider getragenen Stiefel stehen tatsächlich am Grasboden auf. Die Absätze und damit die Fersen deutlich darüber.

Die Oberarme liegen rechts wie links auf knapp in Achselhöhe vorhandenen Ästen auf. So hängen die Unterarme etwas, die Hände fast senkrecht nach unten.

Der Kopf ist zwangsläufig nach hinten geneigt. Wie bereits gesagt, ist das Gesicht zum Stamm hingewandt.

Gut in dieser Lage ist erkennbar, dass die Finger dieses toten Menschen bereits Austrocknungserscheinungen aufweisen: Bereits begonnene Ausbildung der Mumifizierung.

Man muss aber schon genau hinschauen, wenn man von außerhalb des Baumes stehend, an einem knapp oberhalb des Kopfes befindlichen Ast, etwa vier Zentimeter stark, ein dort angeknüpftes, gemustertes Tuch sehen will. Dieses führt unterhalb des Kinns vom Nacken annähernd kreisrund um den Hals geschlungen nach oben zum Ast, an dem dieser Leichnam hängt.

Doch nein, er steht.

Eine der wichtigsten Feststellungen aber überhaupt:
Weder oberhalb des Kopfes oder auf Höhe dessen, noch im Bereich der Oberarme, noch sonst irgendwo sind abgebrochene Zweige dieses fast bis zum Boden dicht mit Ästen bewachsenen Baumes festzustellen.
Fazit: Um weiter zu kommen, müssen wir die Leiche aus ihrer jetzigen Lage befreien.
Ich arbeite mich vorsichtig - ich darf keine Äste abbrechen - zu ihr durch.
Klaus fotografiert.
Mit der Schere aus dem Tatort-Koffer schneide ich das Tuch durch: Foto mit Maßband! Den Knoten belasse ich am Ast. Diesen werde ich später, er befindet sich 176 cm über dem Boden, mitsamt verbliebenem Knoten absägen. Unter der linken Achsel durchgreifend fixiere ich vor dem Durchtrennen des Strangulationswerkzeugs den Körper dieses Mädchens - zum jetzigen Zeitpunkt ist schon klar, dass es sich um ein solches handelt - oberhalb der Brust.
Der Körper sackt einfach weg.
Die Leichenstarre hatte sich also schon gelöst.

Vorher hatten Klaus und ich bereits eine sogenannte Leichenfolie - wir haben solche immer im TO-Kombi - auf dem Parkplatz ausgebreitet.
Nach dem Schnitt stecke ich die Schere weg. Ich berge die Leiche rückwärtsgehend »aus« diesem Baum heraus.
Sobald ich im Freien bin, hilft mir Klaus, den Körper an den Beinen gepackt.
Wir legen diesen, bekleidet wie er ist, mit dem Strangulationswerkzeug um den Hals, vorsichtig rücklings auf der Plane ab.
Dort liegt er nun, der armselige Körper eines jungen Menschen, den niemand kennt: tot!
Zuerst Fotografieren aus allen Himmelsrichtungen. Absolut faszinierend hierbei: Die Tote, die Augen waren geöffnet, schaute einen, egal wo man sich hinstellte, an.
Faszinierend! Nicht Furcht einflößend, aber doch sonderbar...

Wir drehen den Körper zunächst nach rechts um 90 Grad - Fotografieren - zurück, um 90 Grad nach links - Fotografieren - dann um 180 Grad, also auf den Bauch - Fotografieren.

Dann entkleiden wir den Körper - wir sind hier alleine. Die Kleidungsstücke durchsuchen wir auf irgendwelche Hinweise zur Identität der Toten.

Ergebnis:

Negativ! Kein Ausweis, kein Schlüssel, keine Zettel, einfach nichts, gar nichts, nicht mal Geld...

Positiv dagegen in unserem Sinne die postmortalen Zeichen an der Leiche:

Deutliche Mumifizierungsbefunde an den Händen, bzw. den Fingern - eingetrocknete und dadurch eingefallene Augäpfel (durch deren Konkavität wurde der Aspekt, dass die Leiche einen von allen Seiten aus anschaut ausgelöst) - deutlich in die Halshaut eingedrungene Strangfurche, der Faltung des abgenommenen Tuches analog, absolut nicht mehr wegdrückbare Leichenflecken im Bereich des Kopfes oberhalb der Strangulationsfurche.

Auch die nicht in den oberen und unteren Gliedmaßen, d.h. den Ober- und Unterschenkeln sowie im Bereich der Taille oberhalb des Bundes der von einem Gürtel gehaltenen Jeanshose.

Alles Leichenerscheinungen, die nur auf einen Suizid deuteten und der Tatort hatte uns ein Übriges gezeigt!

Doch um wen handelt es sich bei der vor uns liegenden jungen Frau?

Die routinemäßigen Ermittlungen, von denen ich aber erst später etwas erfahren werde, laufen im Hintergrund.

Trotz meiner Feststellungen an der Leiche, dass sich dieses arme Ding selbst umgebracht hat, rate ich Klaus, dem Sachbearbeiter der KPS Lindau, über den Jour-Staatsanwalt deren Obduktion zu beantragen.

Schließlich muss ja auch die Identität geklärt werden. Hierzu könnte unter anderem auch der bei der Sektion erhobene Zahnstatus dienen.

Der Bestatter überführt den Leichnam des Mädchens nach Maierhöfen.

Die Ermittlungen führen zum Ergebnis, dass seit Mitte Dezember ein noch nicht 16-jähriges Mädchen aus Isny vermisst gemeldet war. Das einzige aus der Gegend.
Damit könnte es sich eigentlich nur um die Tochter eines bekannten Mediziners handeln.
Bereits zu Hause angekommen werde ich darüber durch die Einsatzzentrale informiert.

Nächster Tag.
Sonntag, 2. Januar.
Das Telefon klingelt - in aller Frühe - schon wieder.
Wieder ist es die Einsatzzentrale: Ich müsse sofort nochmals zum Fundort der Leiche des Mädchens fahren. Anweisung von »oben«!
Auf meine Frage, warum denn, bekomme ich die Antwort, dass der Vater der Vermissten, also der bekannte Mediziner, spätabends bei der Polizei in Kempten angerufen habe:
»*Niemals habe sich seine Tochter* - er hatte sie zwischenzeitlich in der Leichenhalle in Maierhöfen identifiziert - *selbst getötet. Niemals - nein! Das muss ein »anderer« gewesen sein, heißt, sie ist umgebracht worden.*
Und wenn die zuständige Polizei, egal ob in Baden-Württemberg oder in Bayern, diesem, seinem Hinweis nicht nachginge, würde er Dementsprechendes über seinen, vor allem in Bayern bekannten Parteifreund in die Wege leiten.«

Davor hatte man anscheinend Angst! Im sonst gleichen Parteinamen stand und steht immer noch in Bayern kein „D", sondern ein „S". Und wir leben nun mal in Bayern...
Die Drohung hatte den zuständigen Kollegen der Einsatzzentrale offenbar beeindruckt.
Scheinbar hatte er natürlich sofort versucht, den Chef der Kemptener Behörde anzurufen, was ihm aber nicht gelang.
Er erreichte aber dessen Stellvertreter und der erließ daraufhin folgende Order:
Der Tatort muss nochmals untersucht werden, und...

Und...? Was sollte dieses und bedeuten?

Leider war der stellvertretende Direktionsleiter für mich nicht erreichbar.

Ich hätte ihm gerne einige Fragen gestellt. Dies habe ich aber sofort am dritten Januar nachgeholt.

Eine meiner Fragen an ihn, eine Etage höher in der damaligen Direktion sitzend, war, wie er, der nicht vor Ort gewesen war und fachlich - was kein Vorwurf ist, denn sein Ressort war ein anderes - keine Ahnung hatte, zu solch einer Anordnung kommen konnte?

Seine lapidare Antwort: Wie hätte er denn entscheiden sollen, nachdem die Einsatzzentrale ihn über den Anruf des Vaters des toten Mädchens und dessen Drohung...

Meine Antwort: Vielleicht hätten Sie vor Ihrer Entscheidung ja mich anrufen können? Mich, der ich vor Ort war und das arme Ding, wenn auch tot, aus seiner Lage befreit hatte?

Seine wiederum: Ja, das Ganze wäre etwas unglücklich gelaufen, aber nun gäbe es ja ein hochoffizielles Ergebnis durch die Rechtsmedizin...

Doch so weit sind wir ja noch gar nicht.

Mir blieb also in diesem Fall gar nichts anderes übrig. Man war ja loyaler Beamter - und so fuhr ich zusammen mit Werner Wirth, einem Kollegen, zum vereinbarten Treffpunkt bei der Polizei in Isny.

2. Januar.

Ein schei... Wetter.

Nach Mitternacht hatte kräftiger Schneefall mit heftigen Windböen eingesetzt.

Ungemütlich...

Einsatzbesprechung bei der Polizeistation in Isny (für Bayern damals spaßeshalber noch feindliches Ausland).

Jetzt federführend der Kripo-Chef aus Lindau:

»Die Hundeführer, vier an der Zahl, suchen das Gelände östlich der Straße des Fundortes ab.
Jeder einen Quadratkilometer....
Der ED, also du und dein Mitstreiter, ihr nehmt den Tatort erneut auf; die anderen machen folgendes...«
Auf meine Frage, was denn die Hundeführer bzw. die Hunde überhaupt suchen sollten, kam die Antwort:
»Ach ja, das hätte ich ja fast vergessen:
Es fehlen noch ihre Schlüssel!«
Auch ein Helikopter der bayerischen Hubschrauberstaffel war da. Alles war aufgeboten...
Ich durfte (natürlich rein dienstlich) schon mehrmals mitfliegen - wunderschön!
An diesem Tag hätte ich, und wenn man mir hundertmal die Gelegenheit zum Mitflug angeboten hätte, freiwillig verzichtet. Man hätte mir Geld bieten können... Wie gesagt: Ein schei... Wetter!
Doch es fehlten ja die Schlüssel! Ich weiß, ich bin ein Nestbeschmutzer...
Schlüssel! Diese mussten ja nicht zwingend in diesem Gelände weggeworfen worden sein. Zwei Wochen vorher. Jetzt tief eingeschneit...
Trotzdem schauten Werner und ich uns, vier Augen sehen mehr als zwei, diese beiden Fichten an.
Doch keinerlei Veränderungen. Außer, dass sie jetzt tief eingeschneit waren und der Wind pfiff.
Und auch dies alles wird in Wort und Bild dokumentiert.
So kamen Werner und ich schlussendlich zu keinem anderen Ergebnis als dem des vergangenen Tages!

Der Vater des toten Mädchens hatte zwischenzeitlich verlangt, bei der Obduktion seiner Tochter dabei sein zu dürfen.
Daraufhin hatte der bereits verständigte Landgerichtsarzt Dr. Höhmann aber erklärt, dass dies für ihn nicht Frage käme.

Deshalb wurde von Seiten der Staatsanwaltschaft Kempten und der KPS Lindau das Institut für Rechtsmedizin an der Uni in München eingeschaltet.

Prof. Dr. med. Wolfgang Spann, der Papst der Gerichtsmedizin in diesen Jahren, versah an diesem Sonntag höchstpersönlich, mit weiteren Kollegen, den Jour-Dienst. So wurde der Leichnam des Mädchens nach München gebracht.

Auch Werner und ich fuhren damals unter den widrigsten Straßenverhältnissen dort hin.

Professor Spann, ein äußerst sympathischer, aber doch auch manchmal strenger Mensch, mit etwas schnarrender Stimme, fragte mich, was ich ihm denn »Schönes« bringen würde.

Nun, ich teilte ihm alle meine Feststellungen aus der Tatortbefundaufnahme und die Erkenntnisse aus der Leichenbesichtigung mit. Auch, dass ich davon überzeugt sei, dass dieses arme Ding sich selbst umgebracht hatte. Ebenso, dass der Vater des Mädchens zwischenzeitlich angeblich gedroht habe, dass er, wenn nicht...

Seine Antwort und dafür immer noch meine Hochachtung:

»Herr Adamer, ich sage Ihnen eines. Wenn das, was Sie mir gesagt haben, zutrifft, und daran habe ich keinerlei Zweifel, dann könnte „F.J." hier jetzt zur Tür hereinkommen und ich würde, wie Sie, zu keinem anderen Ergebnis kommen.«

Die Obduktion erbrachte kein anderes...!

Die Ermittlungen schon:

Das Mädchen war, zwei Wochen vor ihrem sechzehnten Geburtstag, von ihrem Vater in der Öffentlichkeit geohrfeigt worden.

Der Anlass einfach nur lächerlich: Es hatte bei einem Hallenturnier seinen Ritt abgebrochen, nachdem ihr Pferd zweimal einen Sprung verweigert hatte...

Einfach nur lächerlich...!

Doch welche menschliche Tragödie steckt dahinter...?

Der Papa hat die Mama umgebracht...

- die armen Kinder

Hochsommer, 21. Juli, Immenstadt, dreigeschossiger Wohnblock südlich der Gleisanlagen des Bahnhofes.
Ein siebenjähriges Mädchen steht im Nachthemd im ersten Stock des Treppenhauses.
Es versucht um halb ein Uhr nachts durch Dauerklingeln die auf derselben Etage wohnenden Nachbarsleute zu wecken.
Als diese öffnen sagt das Mädchen nur: »*Der Papa hat die Mama umgebracht.*«
Völlig aufgelöst folgen die Nachbarn dem Mädchen in die Wohnung. Vom Flur aus gelangt man direkt ins Wohnzimmer.
Dort liegt auf der Couch die Mama.
Wie das erst siebenjährige Mädchen erfassen die Nachbarn die Situation, eilen zurück in ihre Wohnung und wählen den Notruf.
Notarzt und Polizei treffen ein.
Ihnen bietet sich zunächst folgendes Bild:
Von einem Mann, dem Papa vielleicht, ist nichts zu sehen.
Aber drei Kinder, alles Mädchen. Sieben-, vierjährig und ein sieben Monate altes Baby sind hier!
Die der getöteten Frau!
Die drei schliefen offensichtlich schon seit längerer Zeit im elterlichen Schafzimmer. In der Familie hatte es immer wieder Streit gegeben.
Als die Kleine zu quengeln anfing, wachte die siebenjährige auf und wollte nun die Mama holen. Wahrscheinlich hatte die jüngste nur Hunger.
Vom Schlafzimmer aus ging der Weg direkt in das Wohnzimmer. Sie macht Licht und sieht ihre Mutter auf der Couch liegen.

Geistesgegenwärtig erfasst dieses Kind die Situation - die Mutter ist tot - und verlässt sofort die Wohnung, um die Nachbarn zu wecken. Absolut erstaunlich für eine 7jährige!
Nun ist also die Polizei da.
Natürlich auch das Nachbarehepaar, welches die Umstände, warum es überhaupt im Schlafanzug im Treppenhaus herumsteht und wach ist, bestätigt:
Die Kleine habe sie aus dem Schlaf geklingelt.
Nachdem ja der Papa die Mama umgebracht haben soll, fragen die Beamten die Kleine, wie der denn aussehe und was er anhabe, also, wie er bekleidet gewesen sei.
Wiederum erstaunlich: Der Papa, so sagen die Kinder halt zu ihm, obwohl er nicht ihr leiblicher Vater ist, sieht so und so aus und er hat ein T-Shirt mit einem Fisch drauf an und Cowboy-Stiefel.

Sachlage:
Auf der Couch im Wohnzimmer in Rückenlage eine jüngere Frau. Auf dem Gesicht und dem Halsbereich liegt ein mehr oder weniger zusammengeknülltes Frotteehandtuch.
Nachdem der Notarzt dieses anhebt und einen klaffenden Halsschnitt sieht, erklärt er die Frau, logischerweise spontan für tot, denn eine solche Verletzung ist mit dem Leben nicht vereinbar.
In Sorge um die Kinder versucht die Polizei jemanden von der Stadtverwaltung zu erreichen. Erstaunlicherweise gelingt dies sogar um diese Uhrzeit. Eine Beamtin des Jugendamtes nimmt die Kinder zunächst in ihre Obhut und kümmert sich auch weiter um sie.

Die Familie, deutsche Frau, marokkanischer Ehemann, war der Behörde schon bekannt:
Die beiden älteren Mädchen stammten aus einer Verbindung mit einem hier in Deutschland ansässigen Türken.
Das erst sieben Monate alte Mädchen ist der eheliche Spross des Paars.

In der Ehe hatte es von Anfang an gravierende Probleme gegeben. Körperliche und sexuelle Gewalt.

So hatte sich die Frau schon früher vorübergehend mit ihren damals zwei Kindern ins Frauenhaus geflüchtet, war dann aber doch immer wieder zurückgekehrt.

Die Probleme hatten sich trotz Heirat und Geburt der neuen Erdenbürgerin nicht verringert, sondern fortgesetzt.

Der Mann arbeitslos oder auch -scheu, die Frau für alles verantwortlich.

Aussichtslose Situation, daher immer wieder die Flucht und dann die Rückkehr, der Kinder wegen...

Die Polizisten wollen vom Notarzt natürlich wissen, wann, also vor wieviel Stunden denn dies hier Alles passiert sein könnte, also seit wann die Frau denn tot sei.

Der Arzt hebt den linken Arm der Toten an, um eine mögliche Leichenstarre zu prüfen und meint, dass die Frau wahrscheinlich - es ist jetzt ungefähr 01:15 Uhr - gegen 22:00 Uhr des Vorabends, zu Tode gekommen sei.

Mir bietet sich bei meinem Eintreffen gegen 04:00 Uhr vom Flur aus schon dasselbe Bild:

Auf der Couch im Wohnzimmer in Rückenlage eine Frau. Vor der Couch ein niedriger, dazu passender Tisch. An der Wand gegenüber auf einer Konsole ein kleiner Fernseher. Dieser ist eingeschaltet.

Auf dem Gesicht und dem Halsbereich der Frau liegt immer noch das mehr oder weniger zusammengeknüllte Frotteehandtuch. Es weist augenscheinlich, wenn auch nur wenige, Blutanhaftungen auf.

Doch mir bietet sich auch noch ein anderes Bild:

Die Immenstädter Kollegen hatten von einer Zimmerecke zur anderen das typische rot-weiße-Plastikband: POLIZEIABSPERRUNG gespannt.

Etwas übertrieben vielleicht... Aber das kam wahrscheinlich daher, dass wir immer wieder beharrlich Anweisungen gegeben hatten, einen Tatort vor dem Betreten Unbefugter zu schützen.

Aber in einem Zimmer, das sowieso eigentlich niemand mehr betreten durfte und damit auch nicht wurde, unnötig. Doch besser so - ich erinnere mich auch an anderes!

Bevor ich das Band entferne, um überhaupt an die Leiche zu kommen, halte ich folgendes fest:

Es brennt Licht im Wohnzimmer, und wie man mir versichert, hat es auch beim Eintreffen der Polizei schon gebrannt. Die Siebenjährige hatte es eingeschaltet.

Wie bereits erwähnt, läuft auch der Fernseher: Bayerisches Regionalprogramm: Spacelab. Das zur Bahnhofsseite weisende Fenster ist gekippt.

Die Raumtemperatur - wie gesagt Hochsommer - beträgt um 04:30 Uhr: 19° C.

Auf dem Tisch steht eine Schüssel mit Kirschen. Darin auch Stiele und ausgespuckte Kerne. Daneben liegt Strickzeug, d.h. Wolle und entsprechende Nadeln.

Die Kleidung der Toten ist absolut geordnet: Jeanshose, Bluse, keine Socken, Hauspantoffeln am Boden.

Beide Arme im Bereich des Unterbauches aufliegend.

Nur geringe und winzige Blut(tropf)spuren zeigen sich an der Vorderkante der Couch und auf dem dort liegenden Teppich.

Nach der nun schon bekannten Beschreibung des in diesem Fall wirklichen Tatortes und der wiederum damit einhergehenden fotografischen Dokumentation desselben, geht es nun an die Leiche.

Bei Abnahme des Handtuches zeigt sich ein wirklich grauenhaftes Bild: Das Handtuch, welches komplett trocken war, war teilweise in sich verklebt und weist 27 - in Worten: siebenundzwanzig - Beschädigungen, offensichtlich durch Stiche auf. Dies wird alles ganauestens fotografiert.

Beim Abzählen der Stichverletzungen in der Bekleidung des Oberkörpers komme ich aber nur auf siebzehn.

Das Schrecklichste: Ein tiefer bis augenscheinlich zum Kehlkopf führender Halsschnitt, aus dem aber quasi kein Blut ausgetreten war.

Ein Beleg dafür, dass der Kreislauf der Getöteten zu diesem Zeitpunkt, bereits zusammengebrochen war, was nicht verwunderlich war.

Auch aus den Stichwunden im Oberkörper war quasi kein Blut ausgetreten.

Entkleiden, bzw. zunächst nur öffnen der Hose, herabziehen dieser und des Slips, leichtes Drehen des Körpers nach rechts, um an den After zu kommen und Messung der Körpertemperatur vorzunehmen.

Sie beträgt um 04:30 Uhr: 32,9° C. Der Körper der Toten hatte also, ausgehend von der Normaltemperatur in Höhe von 37°, etwa vier Grad verloren.

Dies deutet auf einen Zeitpunkt des Todeseintrittes um Mitternacht herum.

Wie kommt der Notarzt zu seiner Aussage, dass dieser gegen 22 Uhr liegen würde?

Er wird später bei einem klärenden Telefonat, das ich mit ihm führe sagen, er »*kenne sich halt doch nicht so mit Leichen aus*«.

Die Obduktion der Leiche ergibt eindeutig:

Tod durch Verbluten nach innen nach Erhalt von siebzehn Stichen im Oberkörper. Dadurch resultierendes multiples Organversagen: Herz, Lunge, Leber...

Tiefer, quer verlaufender Schnitt durch den Vorderhals, hier fast kein Blutaustritt, bis zum Kehlkopf mit Anschnitt desselben, der nicht in Verbindung mit dem Todeseintritt steht.

Es fanden sich keinerlei Zeichen von sexueller oder stumpfer Gewalt.

Also keine Schläge mit der Faust oder irgendeinem Gegenstand. Die Gesamtsituation lässt nur einen Schluss zu:

Das gesamte Tatgeschehen hatte sich im Wohnzimmer abgespielt.

Die dreifache Mutter war auf einen Angriff irgendwelcher Art gegen sie überhaupt nicht vorbereitet.

Ihr Mörder kann nur mit einem Schlüssel in die Wohnung gelangt sein.

Wer kann also als Mörder in Frage kommen?

Die Ermittlungen führen relativ schnell zu einem Ergebnis:

Noch in der Nacht wird die in naher Nachbarschaft wohnende beste Freundin der Toten, die man vom Jugendamt her kannte, kontaktiert.

Diese gibt an, dass ihre Freundin sie gegen 21:30 Uhr angerufen habe.

Also musste sie da noch gelebt haben.

Es sei ein längeres Gespräch gewesen:

»Servus..., entschuldige, dass ich jetzt noch anrufe, aber... Ich komme jetzt gerade von der Polizei zurück und habe die Kinder ins Bett gebracht.

Du - ich, ich muss nun scheinbar doch nicht ins Frauenhaus, denn Mustafa (Name geändert) hat, wie es aussieht, seine Sachen zusammengepackt.

Seine Taschen und Tüten stehen im Wohnungsflur. Ich warte nur noch darauf, dass er kommt und seinen Krempel abholt.

Am Abend hat er gesagt, dass er zu seiner Schwägerin nach Gladbeck wolle... Da wäre ich froh darüber...

Warum ich bei der Polizei war?

Der hat mich doch angezeigt, dass ich etwas mit Rauschgift (schon wieder soll Rauschgift im Spiel sein?) zu tun hätte.

Hat sich aber alles geklärt - nichts daran - hat man mir erklärt...«

und irgendwann habe sie gesagt:

»Du, ich leg jetzt auf, denn ich glaube, er kommt jetzt! Ich ruf dich dann, wenn er wieder weg ist, nochmals an, wenn du nichts dagegen hast...

Also bis dann!«

Der Rest ergibt sich aus der Festnahme des Mustafa, dessen Angaben und die der Zeugen.

Mustafa hatte tatsächlich seine Schwägerin angerufen und sie gebeten, nach Immenstadt zu fahren, um ihn abzuholen.

Ja, die Situation sei Schei..., vor allem wegen der Kinder... aber seine Frau könne wenigstens in der Wohnung bleiben. Er gehe ja.

Die Schwägerin hatte nachgegeben und sich entschlossen ins Allgäu zu fahren, um Mustafa zu holen.

Doch wollte sie die weite Fahrt nicht alleine machen und hatte daher einen Freund gebeten, sie auf dieser zu begleiten. Man könne sich ja auch beim Fahren abwechseln.

Da es Samstagmittag, schönes Wetter und er noch nie im Allgäu gewesen war und er nichts Besseres vorhatte, sagte er nicht nein und die beiden fuhren los.

Gut eine halbe Stunde vor Mitternacht nahmen die Parteien Kontakt auf:

»Mustafa, wir sind jetzt hier in Stein, kurz vor Immenstadt. Wo bist du?«

»Ich bin im Bistro beim Bahnhof. Kommt hierher. Den Rest besprechen wir dann...«

Mustafa war, wie es die Zeugenaussagen aus dem Bistro belegen, dort schon seit ungefähr 22 Uhr. Und somit war es eine mehr als fahrlässige Aussage des Notarztes.

Damit hätte Mustafa ein Alibi gehabt.

Doch dazu später...

Kurz darauf waren die beiden also da und man trank etwas, was alles später durch die zufällig anwesend gewesenen anderen Gäste bezeugt wurde.

Offensichtlich ging es nun darum, wer oder wie man die Sachen von Mustafa holen würde und wie man schnellstmöglich wieder nach Hause, also nach Gladbeck, kommen könne.

Die Schwägerin:

»Ich fahre nicht mit zu euch hinüber, ich will nicht schon wieder Zoff mit deiner Alten!«

»Also, dann fahre ich halt!«, sagte der Bekannte der Schwägerin, und so fuhren er und Mustafa los zu dessen Wohnung.

Aussage des Bekannten: *»Ich war noch nicht ganz ausgestiegen, da war der Mustafa - ich kenne diesen Typen gar nicht und habe ihn vorher noch nie gesehen - schon an der Haustüre.*

Daher weiß ich nicht, ob er sie nun aufgeschlossen hat oder ob sie unversperrt war.

Im ersten Stock, ich hatte keine Ahnung, dass das deren Wohnung war, sperrte er die dortige Türe aber auf.

Wenn man die Treppe hochkommt, ist das die Türe links.

Es war stockdunkel in der Wohnung.

Kein Licht, kein Radio - einfach nichts. Ich habe auch niemanden gesehen oder gehört.

Das Licht vom Treppenhaus, das wir angemacht hatten, fiel in den Woh-
nungsflur und so konnte ich dort seine Sachen stehen sehen. Es sind ein paar
Sport- und Reisetaschen gewesen. Aber auch einige große Einkaufstaschen.
Wir haben sie runter ins Auto getragen und im Kofferraum und auf dem
Rücksitz verstaut. Etwa so drei- oder viermal sind wir rauf und runter.
Dann sagte Mustafa, er hätte noch etwas vergessen.
Er also wieder hinauf.
Ich habe derweil eine Zigarette geraucht. Die war gerade zu Ende, als Mus-
tafa wiederkam.
Er hatte etwas in der Hand. Es war in irgendwas eingewickelt. Keine
Ahnung, was der Typ da gehabt hatte. Ich kann nicht mal sagen wie groß
es war, in was es eingewickelt war und es war mir auch schei... egal.
Wir fuhren zum Bistro zurück, holten seine Schwägerin ab und dann sind
wir ab Kempten auf der A 7 zurückgefahren. An der Raststätte Ellwanger
Berge haben wir getankt.«

Vermerk: Der Tankbeleg mit Datum und genauer Uhrzeit lag im Auto
der Schwägerin, das natürlich ebenfalls vom ED der dort im Ruhrgebiet
zuständigen Kripo auf Spuren untersucht wurde.

»Und wir drei haben einen Kaffee getrunken. Auch auf der Toilette waren wir
natürlich. Dann sind wir auf schnellstem Weg heim!
Nein, an Mustafa, den ich eigentlich, wie ich schon gesagt habe, gar nicht
kenne, ist mir nichts aufgefallen:
Weder Blut, weder emotionale Regungen, noch sonst was.
Wo das, was Mustafa in der Hand gehabt hatte, als er zum Auto zurückge-
kommen war, geblieben ist?
Keine Ahnung und mir auch völlig egal!«
Eine ganz normale Reaktion und Aussage!
Damit auch glaubhaft.
Wie hätte dieser Zeuge denn zu diesem Zeitpunkt wissen können, dass
die Frau des Mustafa tot und er nun in alles verstrickt ist...

Woher hätte er wissen sollen, dass Mustafa bereits eine ganz andere Version aufgetischt hatte?

Dessen Taschen und andere Sachen waren zwischenzeitlich sichergestellt bzw. beschlagnahmt worden.

Damit auch seine Kleidungsstücke... T-Shirt mit Fischsymbol..., Cowboy-Stiefel... u.a.

Ja, es stimme, er habe seine Sachen zusammengeräumt, damit die Frau mit den Kindern habe bleiben können...

Wenn er sage, dass, als er diese dann zusammen mit dem Bekannten geholt hat, Licht in der Wohnung gebrannt hat, dann stimme das auch.

Auch, dass die Große, also die 7jährige noch auf gewesen sei und dass er sich ganz normal von ihr und seiner Frau verabschiedet habe.

Die beiden seien im Wohnzimmer auf der Couch gesessen und hätten ferngesehen.

Welches Programm eingeschaltet gewesen sei, und was dort gesendet wurde, wisse er aber nicht.

Das Ganze sei so gegen Mitternacht gewesen.

Auf die Frage, ob er auch alleine, also ohne den Bekannten seiner Schwägerin mal oben in der Wohnung gewesen sei?

Nein, alleine wäre er nie oben gewesen! Beide wären gleich, als alles im Auto verstaut war, hinüber zum Bistro gefahren, hätten dort seine Schwägerin abgeholt und dann sei es in Richtung Norden gegangen.

Das krasse Gegenteil zur Aussage des Mannes, der Mustafa eigentlich gar nicht gekannt hatte.

Was hätte diesen Mann veranlassen sollen, sich eine solche Geschichte auszudenken?

Die einzige Übereinstimmung, die es gab: Beide sagten aus, dass sie die Sachen so kurz vor Mitternacht geholt hätten.

Unsere Aufgabe beim ED: Wir müssen Blut finden! Blut auf irgendeinem Kleidungsstück des Mustafa.

Doch wir finden keines. Weder auf dem von der 7jährigen benannten T-Shirt noch an den Cowboy-Stiefeln.

Jedes Kleidungsstück wird einzeln von uns unter UV-Licht angeschaut und untersucht, aber...

So entschließen wir uns dann, die Cowboy-Stiefel und ein blaues T-Shirt, aber auch einige andere Kleidungsstücke, die das 7-jährige Mädel beschrieben hatte, welche der Papa getragen haben soll, dem Sachgebiet 23 Medizin/DNA beim Bayerischen Landeskriminalamt zuzuleiten.

Gegen Mustafa war zwischenzeitlich schon längst Haftbefehl wegen Verdacht des Mordes an seiner Ehefrau erlassen worden.

Dieser Räuberpistole, wie von Mustafa aufgetischt, wäre nicht einmal der naivste Ermittlungsrichter aufgesessen.

Nach Wochen gibt es ein Ergebnis der aufwendigen DNA-Untersuchungen:

Eine winzigste, mit bloßem Auge nicht erkennbare Blutspur - kein Wunder, dass wir nichts gefunden hatten - konnte an der Innenseite des vorderen Sohlenbereiches des linken Cowboy-Stiefels isoliert werden.

Blut!

Der Durchbruch!

Die Individualisierung der DNA ergab, dass diese mit der bei der Obduktion gesicherten Probe identisch war, es sich daher zweifelsfrei um die der Getöteten handelte.

Damit konfrontiert konterte der Beschuldigte nun, dass dies sehr wohl sein könnte: Seine Frau hätte öfter an Nasenbluten gelitten.

Wann dies denn zum letzten Mal gewesen sei, beantwortete er so:

»Ach, das ist schon länger her, sicherlich mehr als ein Jahr. Da haben wir damals noch in Gladbeck gewohnt.«

Doch die nun weitergehenden Untersuchungen ergeben, dass sich in der Spur keinerlei Nasenepithelien befanden. Das Blut muss also von einem anderen Körperteil herrühren.

Und weiter zum Blut: Die geringfügigen Anhaftungen an dem auf der Leiche gefundenen Frotteehandtuch waren mit der DNA der Toten identisch. Auch die vom Teppich.

Doch warum weist dieses Handtuch zehn Stichbeschädigungen mehr auf als die Leiche Einstiche?

Es gibt eine einfache mögliche Erklärung, die in das Gesamtbild der Aussagen passt:

Der Mörder, wer auch immer es gewesen sein mag, muss dieses Handtuch aus dem Bad, das sich unmittelbar links neben der Wohnungstüre befindet, geholt haben.

Ein zweites, farblich- und machartgleiches Handtuch, gewaschen, gebügelt und sorgfältig zusammengelegt. Es lag auf der Waschmaschine, die links des Handwaschbeckens stand. Die beiden Handtücher gehörten offensichtlich zum Haushalt. Auch ein dazugehörendes Badetuch gab es. Doch was ist nun mit dem Handtuch von der Leiche?

Der Mörder hatte die Tatwaffe, die nie gefunden wurde, höchstwahrscheinlich mit diesem verborgen gehalten.

Wäre er mit dem blanken Messer in der Hand auf das Opfer zugegangen, hätte diese sich sicherlich gewehrt und um Hilfe geschrien!

Die Kinder wären sicherlich aufgewacht, vielleicht auch die Nachbarn? Was hatte die Freundin ausgesagt?

»Jetzt kommt er und holt seine Sachen, ich ruf dich dann nochmals an...«, seien die letzten Worte der nun Getöteten gewesen.

Nichts davon, sie verhielt sich ruhig und blieb arglos (?) auf der Couch liegen, in der Hoffnung, dass der Spuk bald ein Ende haben würde. Und durch das Handtuch sah es halt einfach so aus, als ob ihr Mann sich noch die Hände gewaschen hatte und nun abtrocknete...

So ergibt es sich zwanglos, dass der eine oder andere Stich durch das zufällig mehrlagig, nicht bewusst gefaltete Handtuch dringen konnte. Deshalb die größere Anzahl der Stichbeschädigungen.

Deshalb fast keine Blutspuren, da das Handtuch quasi wie ein Schalldämpfer bei einer Schusswaffe als »Fänger« diente. So sammelte das durch die inneren Verletzungen bedingt ausgetretene Blut sich im Brust- und Bauchraum des Opfers, welches ja eh gelegen war.

Das am Tuchhalter hängende Handtuch war feucht.

Jemand hatte sich also vor nicht allzu langer Zeit mit diesem die Hände oder sonst irgendetwas abgetrocknet.

Mit einer langen Pinzette zwickte ich den schmalen Kunststoffstreifen eines sogenannten Sangur-Tests ein und tauchte ihn in den Ablauf und damit den Siphon des Waschbeckens. Der auf diesem Streifen verklebte beigefarbene ca. 5x5 mm große Polster, der ein Reagenz enthielt, hatte sich, als ich es herausgezogen hatte, schlagartig von beige auf dunkelgrün verfärbt.

Ein starker Hinweis, fast schon ein Indiz, dass im dortigen Wasser Blut, wenn auch in kleinster Konzentration, vorkam.

Nur Hinweis deshalb, weil dieser Test zum Beispiel auch auf Orangensaft positiv reagieren kann. Aber die entsprechenden Analysen des Siphoninhalts werden es schon zeigen.

Eigentlich konnte sich nur der Täter dort nach vollbrachter Tat die Hände gewaschen haben und ein bisschen Blut klebt buchstäblich nach solch einer immer an den Händen.

Warum lief aber der Fernseher? BR3 - Spacelab. Man soll nie »Nie« sagen, aber was sollte eine doch noch relativ junge Frau um diese Zeit an diesem Programm finden? Es gab andere Sendungen.

Vermutlich hatte der Täter das Fernsehgerät eingeschaltet, um nach außen hin die »heile Welt« vorzugaukeln:

»Da schau her, da ist man noch auf und schaut fern...«

Die große Strafkammer am Landgericht Kempten kommt nach mehrtägiger Verhandlung und eingehender Vernehmung aller Zeugen zu der Überzeugung, dass sich der Angeklagte aus Schutzbehauptungen ein Lügengebäude aufgebaut hat, aus welchem er nicht mehr herausfand.

Vielleicht rechtfertigte er die Tat auch auf Grund seiner Religion? Wir sind die Gläubigen - ihr seid die Ungläubigen.

Gegenüber solchen müssen wir nicht die Wahrheit sagen, sondern wir dürfen sie, ohne dass dies eine Sünde wäre, sogar belügen.

So verurteilt das Gericht den Angeklagten zu einer lebenslangen Freiheitsstrafe.

Die von der Verteidigung eingelegte Revision beim Bundesgerichtshof wird verworfen.

Man darf die Justiz bei uns auch loben!

Doch eine ganz dramatische Frage wirft sich auf:

Welches Schicksal hat nun die drei Mädchen erwartet...?

Ich weiß es (leider) nicht...

Versuchter Ehrenmord

- nicht gut gelaufen

Es ist gegen Mitternacht. Eine Frau wird auf Veranlassung ihres Ehemannes durch Notarzt und Rettungsdienst ins Krankenhaus gebracht. Sie weist mehrere Schussverletzungen im Oberkörper und einen Durchschuss der rechten Handfläche auf.

Nach erfolgter Notoperation hatten die Ärzte vorsorglich - um die Wunde besser versorgen zu können - das Hautareal um die Wunde in der Handfläche und auch einiger anderer Stellen ausgeschnitten und in sogenannten Petri-Schalen aufgehoben. Und natürlich hatte das Krankenhaus die Polizei verständigt.

Die Beamten warteten, bis die Frau nach ihrer Versorgung ansprechbar war und wollten dann wissen, was denn passiert sei.

»Ein ihr unbekannter Mann mit schwarzer Kleidung und Sturmhaube habe gegen 21 Uhr bei ihr an der Haustüre geklingelt. Ihr Ehemann sei da noch bei der Spätschicht an seinem Arbeitsplatz gewesen. Als sie geöffnet habe, hätte der Mann sie sofort mit einer Schusswaffe bedroht und sie ins Haus gedrängt.

Sie habe auf sein Verlangen ins Obergeschoss und von dort ins Dachgeschoss hinaufsteigen müssen. Der Mann mit der Waffe hinter ihr her. In einem Raum des Dachgeschosses, der gerade ausgebaut werde, habe dieser ihr unbekannte Mann mit dem Wort:

>Stirb!<

unvermittelt aus nächster Nähe ein oder zwei Schüsse auf sie abgefeuert. Instinktiv habe sie zur Abwehr ihren rechten Arm mit erhobener Hand gegen ihn ausgestreckt. Doch sei sie sofort zusammengebrochen. Der Mann habe aber noch zwei-, drei- oder sogar noch mehrmals weiter geschossen.

Sie habe sich nicht mehr gerührt und totgestellt, worauf der Schütze sofort verschwunden sei.

Ihr Mann habe sie, als er heimgekommen sei, immer noch im Dachge-schoss liegend aufgefunden. Der Rest sei bekannt...«

Wie komme ich nun auf Ehrenmord?
Nun, das Opfer und sämtliche weiteren Beteiligten in diesem Fall gehör-ten alle einer türkischstämmigen Familie an.
Mehr oder weniger gleichzeitig zur Anhörung des Opfers im Kranken-haus wurde ihr Ehemann am Tatort, das heißt also im Wohnhaus des Ehepaars vernommen.
»Er wäre also an seinem Arbeitsplatz gewesen?« - leicht nachprüfbar...
»Die Kinder seien an diesem Abend bei einem Onkel gewesen« - ebenso leicht nachprüfbar...
»Gibt es „Feinde"?« - Nein.
»Fehlt etwas im Haus - also wurde etwas gestohlen?« - Ebenfalls ein Nein.

Wiederum gleichzeitig klingeln Polizeibeamte aber auch an den Türen der Nachbarhäuser - es könnte ja jemand etwas gehört oder gesehen haben oder sonst Sachdienliches wissen.
Und siehe da, es gibt Nachbarn, die wissen, dass das Opfer wohl einen Geliebten hat.
Mit diesem Vorwurf konfrontiert kommt der Ehemann ins Schwitzen. Nachdem er sich in Widersprüche verwickelte gibt er zu, dass es einen Nebenbuhler gibt. Es wäre einer seiner Cousins.
Schließlich musste er dessen Namen preisgeben.
Doch wer war nun der maskierte, schwarz gekleidete Mann?

In der Nacht noch wurden sämtliche Familienmitglieder aufgesucht. Eines von diesen wurde nicht angetroffen: Ein Bruder des Mannes! Unverzüglich wurden Fahndungsmaßnahmen eingeleitet. Es wurden die Flughäfen München und Nürnberg (Memmingerberg gab es damals noch nicht) verständigt. Die Maßnahmen führten schon am späten

Vormittag zum Erfolg. Der Bruder wollte sich von München aus in die Türkei absetzen.

Es folgten Festnahme und spurentechnische Behandlung durch die Münchener Kollegen. Dies bedeutet, dass seine Hände auf Schmauchspuren untersucht und seine getragene Kleidung wie auch sein Gepäck - ein kleiner Koffer - sichergestellt wurden.
Noch am gleichen Tag wird er nach Kempten überstellt und dem Ermittlungsrichter vorgeführt.
Ja, er gebe zu, dass er seine Schwägerin habe töten wollen.
Diese habe durch ihr Verhältnis mit einem anderen Mann die Ehre der Familie in den Dreck gezogen!
Ihr Ehemann, also sein Bruder, sei aber zu feige dazu gewesen.
Deshalb habe einer das Heft in die Hand nehmen müssen!

Selbstverständlich ergeht Haftbefehl und ihm wird auch ein Pflichtverteidiger zugeteilt.
Wir hatten bereits in der Nacht damit begonnen, den Tatort zu untersuchen.
Wir fanden Einschüsse im Fußboden, Patronenhülsen und natürlich Blut.
Den Patronenhülsen zufolge musste es sich um eine kleinkalibrige Waffe handeln.
Doch was fehlte: Die Waffe selbst!

Bei einer weiteren Vernehmung gibt der Täter im Beisein seines Verteidigers an, unmittelbar nach der Tat mit dem Taxi nach München gefahren zu sein.
An einem nahe gelegenen Sportplatz, an dem sie vorbeigekommen waren, habe er den Taxifahrer gebeten, kurz anzuhalten. »Er müsse mal!«
Bei dieser Gelegenheit habe er die Pistole einfach weggeworfen und damit entsorgt.
Wir haben danach gesucht. Die Waffe wurde nie gefunden.

Es gibt zwei Möglichkeiten: Entweder war sie, von wem auch immer, gefunden und mitgenommen worden.

Es könnte aber auch sein, dass die Geschichte nicht stimmt und er die Waffe für Späteres wie man so schön sagt, gebunkert hatte.

Egal.

Versuchter Ehrenmord!

Es ging um die vermeintliche Ehre der Familie...

Nicht so wie es aussieht

- der alte Mann und das Beil

Ein Ort, südlich von Kempten.
Kleineres, schon älteres Mehrfamilienhaus.
Treppenhaus.
Treppe in den Keller, der hier aber im Souterrain liegt.
Neben dem Heizungsraum und einer Gemeinschaftswaschküche befinden sich fünf Kellerabteile entlang des Flurs, drei links, zwei rechts.
Jedes mit normalen Holztüren und einfachen Schlössern versehen.
In dem vom Treppenhaus aus gesehen mittleren linken Kellerabteil war von Angehörigen eine Leiche gefunden worden.
Es handelt sich um einen kleinen, schmächtigen, schon etwas älteren Mann. Er trägt einen längsgestreiften, seidig glänzenden Schlafanzug.
Lange Hose, langärmeliges Oberteil und eine Art Filzpantoffel.
Der Mann, der in dem Haus wohnte, war nicht erreicht worden. Deshalb war ein Verwandter dorthin gefahren, um nachzuschauen. Schließlich hatte der Mann schon mal einen Suizidversuch durch Erhängen unternommen...
Doch jetzt: Der Mann wird also tot im Keller aufgefunden. Er liegt auf dem Rücken.
Fast alles, also Fußboden, Kellerdecke und vor allem die Wand mit der Türe hinter ihm, wie auch seine Bekleidung, ist voller feinster Blutspritzer.
Die Schlafanzugjacke ist zugeknöpft.
Rechts neben seinem rechten Fuß: Ein Beil!
Die herbeigerufene Polizei und auch der Notarzt vermuten ein Gewaltverbrechen.
Der Mann ist erschlagen worden. Um Himmelswillen: Ein Mord!
Es ist Vormittag und so befinden sich genügend Kollegen auf der Dienststelle, die unmittelbar nach ihrer Verständigung ausrücken. Es sind dies

zwei Sachbearbeiter des Kommissariats 1 und der Erkennungsdienst, zum Ort des Geschehens.

Auf den ersten Blick schon eine makabre Situation, doch...

Längst abgedroschen: Dokumentation, Dokumentation und nochmals...

So stelle ich fest, dass die Oberseiten der Füße des Mannes ab dem Bereich abwärts der Hosenbeine des Schlafanzuges ebenfalls feinste Blutspritzspuren aufweisen. Das deutet darauf hin, dass der Mann aufrecht gestanden sein muss. Ebenfalls bemerke ich, dass der rechte Pantoffel eben nicht am Fuß sitzt. Und bei der Beschreibung der Verletzungen fällt mir auf: Diese verlaufen nur längs. Ich kann keinerlei schräg oder querverlaufende Einschläge erkennen.

Auch keine an den Händen, den Unter- oder auch Oberarmen - denn hier müsste ja auch der Stoff des Schlafanzugs betroffen sein...

Auf meine Anregung wird Dr. Höhmann verständigt, der sich das Ganze aus Sicht des Rechtsmediziners ansehen soll.

Nach einer knappen Stunde ist er da. Ich schildere ihm meine Wahrnehmungen und wir kommen beide schnell zu dem Ergebnis: Nein, kein Mord, vermutlich Suizid!

Den Rest wird die Obduktion auf dem Tisch im Sektionsraum der Pathologischen Abteilung des Klinikums in Memmingen erbringen.

Eine Abteilung, wie sie an jedem größerem Klinikum betrieben wird. Höhmann, ebenso wir Kriminaler aus Memmingen und Kempten, sind dort eigentlich nur Gast.

Apropos: In vielen Kriminalfilmen werden immer wieder die Obduzenten von Mordopfern, die in die Gerichtsmedizin verbracht worden waren, als Pathologen bezeichnet.

Falsch, einfach falsch: Es gibt zwischen den geschätzten Pathologen und den Rechtsmedizinern einen großen Unterschied, für den ich, ich habe das immer getan, eine Lanze brechen muss:

Die ersteren führen natürlich auch Obduktionen durch.

Diese mit Einverständnis der Angehörigen.

Zum Zweck: Klärung der eventuell ursächlich zum Tod geführt haben-den Erkrankung(en).

Letztere führen solche im Auftrag der Staatsanwaltschaft bzw. des Gerichts durch.

Auftrag: Klärung der Todesursache, der Todesart (natürlicher, nicht natür-licher...?), der Identität, wenn diese nicht feststeht, dem Todeszeitpunkt. Aber auch anderes, zum Beispiel die Untersuchungen von Opfern von Sexual- oder anderen Gewaltdelikten, und natürlich auch Tatverdächtigen sowie Blutalkoholbestimmungen, toxikologische Untersuchungen u.a.

Nun, in diesem Fall fand die Obduktion um 07:00 Uhr am Morgen des nächsten Tages statt.

Wie gehabt: Äußere Besichtigung.

Dann Waschen des blutverkrusteten Schädels und Abrasieren der weni-gen verbliebenen Kopfhaare.

Eindeutig abzählbar: 37 (siebenunddreißig!) einzeln abgrenzbare, annä-hernd im rechten Winkel zur Körperlängsachse verlaufende, offenbar durch Beilschläge verursachte, bis auf die Kalotte reichende Verletzungen der Kopfschwarte.

Das Schädeldach scheint aber augenscheinlich intakt zu sein.

Keinerlei Abwehrverletzungen.

Kein Mensch stellt sich hin, lässt sich von einem anderem mit einem Beil attackieren und bleibt einfach so stehen.

So lässt sich kein Mensch umbringen, außer er wäre wirklich außer jeg-licher Kontrolle über sich selbst!

Doch, was ist nun die Todesursache?

Es folgt, was kommen muss: Die Eröffnung der Brust- und Bauchhaut durch Schnitt vom Kinnunterboden bis zum Schambein. Dann Präpa-rieren der Haut- und Fettschicht, anheben derselben im Brustbereich in der Form eines Trichters, dessen Befüllen mit Wasser und dann...

Zunächst aber das komplette Befüllen eines Reagenzglases mit Wasser. Stöpsel drauf, umgedreht und so mit dem Verschluss nach unten in das im Hauttrichter stehende Wasser getaucht. Unter Wasser Abnahme des

Verschlusses und dann Halten oberhalb eines Rippenzwischenraums im Bereich des Herzens.

Dann ein Stich mit einem Dolch durch diesen Rippenzwischenraum hindurch in das Herz: In diesem Fall »blubbert« es und die aufsteigenden Blasen werden im Reagenzglas aufgefangen.

Beweis für eine sogenannte Gas- (oder in diesem Fall auch) Luftembolie. Doch wie kann eine solche entstehen?

Die Kalotte wies bei der genaueren Untersuchung im Bereich der ehemaligen Fontanelle einen winzigen Defekt auf. Nach der Eröffnung des Schädels fand sich parallel darunter in dem dort liegenden sinus sagittales, einer Vene in der gedachten Mittellinie des Schädels der dura mater, der harten Hirnhaut, ein winziges Loch.

Dadurch zog der Mann bei jedem seiner Atemzüge Gas, also Luft, in die Blutbahn ein und irgendwann, nämlich wenn diese das Herz erreicht und das Blut als solches nicht mehr weiter gepumpt werden kann, ...

Mindestens 37 Schläge mit dem Beil. Auf den eigenen Kopf.

Zwei- oder dreimal hatte er dabei auch die Betondecke des Kellers gestreift. Deutliche Spuren zeigen dieses...

Im Treppenhaus nicht der Ansatz einer Spur von Blut...

Blut!

Wie hätte der Mörder - ein Motiv war auch nicht erkennbar - ohne Hinterlassung nicht wenigstens eines Tröpfchens denn das Haus verlassen können?

Auch hatte niemand irgendetwas gehört. Und solch ein Tun bleibt normalerweise nicht verborgen.

Das Hauptindiz aber: Welcher Mensch hält, ohne sich zu wehren, seinen Kopf hin...?

Der arme Mann, in welchem psychischen Zustand muss er gewesen sein, als er im Schlafanzug in den Keller ging und das Beil ergriff...?

(Mindestens) 37 Schläge...

Gegen sich selbst, um schlussendlich an einer Luftembolie zu sterben...

Der arme Mann...

»Grüß Gott, Herr Pfarrer, schön, dass Sie schon da sind!«

»Mir hätten da mal wieder a Leich und zwar im Krankenhaus Kempten.«

Der Anruf der Einsatzzentrale erreicht mich gegen 23:00 Uhr zu Hause. Eine ältere Frau wäre in ihrer Wohnung gefallen. Sie sei von Angehörigen gefunden und durch den Rettungsdienst in das Krankenhaus Pfronten verbracht worden. Von dort wäre sie, weil sich die Ärzteschaft aufgrund der Verletzung und des sich rapide verschlechternden Allgemeinzustands der Patientin sich dazu entschlossen hatte, nach Kempten verlegt worden.

Nun war die alte Dame hier in einem Zimmer des Krankenhauses Kempten verstorben. Die Angehörigen, eh in Sorge, wurden darüber informiert und so fuhren sie, Kinder, Schwiegerkinder, auch Enkelinnen und Enkel nach Kempten.

Was sie allesamt nicht wussten, dass der Arzt, der den Tod der alten Dame attestierte, auf der Todesbescheinigung die Rubrik »nicht aufgeklärte Todesursache« angekreuzt und pflichtgemäß die Polizei informiert hatte. Alles in Ordnung: Der Krankenhausarzt hatte diese Frau noch nie gesehen. Nun sah er sie mit versorgter Kopfverletzung, über deren Zustandekommen er überhaupt nichts wissen konnte.

Und nun war diese Frau, vom Krankenhaus Pfronten zu ihm ins Krankenhaus überstellt, tot...

Daher vollkommen richtig das Ankreuzen der »nicht aufgeklärte Todesursache« im Totenschein und daher auch richtig die Verständigung der Polizei.

Man soll ja niemandem etwas von vorneherein unterstellen, aber es hätte ja jemand die ohnehin kranke Oma um schneller ans Erbe zu kommen... Aber wie gesagt, man soll ja niemandem etwas...

Ich richte mich, ziehe, es ist Herbst, meinen knielangen schwarzen Mantel an, setze meinen schwarzen Hut auf, fahre nach Kempten, hole

Aktentasche und Fotokoffer und mache mich auf den Weg in das Klinikum Robert-Weixler-Straße. An der Rezeption erfahre ich Station und Zimmer der Verstorbenen.

Dort angelangt, führt mich mein Weg zuerst zur sogenannten Schwesternkanzel:

»Also das Zimmer rechts, dort hinten am Gang, wo die Leute stehen, ist das Zimmer der Toten«, erfahre ich von der Schwester.

Mit einem *»Grüß Gott, Herr Pfarrer, schön, dass Sie schon da sind!«*, werde ich empfangen. Lag wohl an meinem schwarzen Mantel und schwarzen Hut.

Nicht ganz einfach für mich, den Irrtum aufzuklären.

Ich weise mich natürlich aus.

»Was, Sie sind nicht der Pfarrer? Die Kriminalpolizei?
Was wollt's ihr von uns? Moint's ihr vielleicht, mir hätten d'Oma umbrocht?«

Nach der Aufklärung über mein Hiersein und meine jetzige Aufgabe - ich muss jetzt - die Oma - und zwar nackt - anschauen - beruhigt sich das Ganze dann doch etwas.

Auch, weil mir der Hausarzt der Verstorbenen, den ich zufällig schon länger kenne, dann die Krankengeschichte der „Oma" - mit Einverständnis der Angehörigen - telefonisch erzählte.

»Grüß Gott, Herr Pfarrer, schön, dass Sie schon da sind...!«

Die Geschichte erinnert mich etwas an die Novelle des Schweizers Gottfried Keller: „Kleider machen Leute".

Schwarzer Mantel, schwarzer Hut...

Das Mädchen in der Iller

- tragisches Schicksal

Immenstadt.
Ostermontag - später Nachmittag.
Bestes Ausflugswetter.
Ein Pärchen auf der Rückfahrt von seinem Osterausflug überquert mit dem Pkw eine Brücke nördlich von Immenstadt.
»Halt mal an, da ist was!«, sagt sie.
Er stoppt den Wagen. Sie steigen aus und beugen sich über das Brückengeländer und verständigen sofort die Polizei: In der Iller, dem von Oberstdorf über Sonthofen, Immenstadt, Kempten und Memmingen nach Ulm führenden Fluss, der dort dann in die Donau mündet, lag etwas.
Irgendetwas Buntes. Am östlichen Flussufer angelandet und wie sie dann erkannten: Ein kleiner menschlicher Körper.
Gar nicht lustig an einem Ostermontagnachmittag!

Der Körper, es ist ein kleines Mädchen, wird geborgen, das heißt ganz ans Ufer gezogen.
Dabei fallen der Polizei und dem Notarzt - die Kleine ist tot - auf, dass sich an ihren Handgelenken und den Fußknöcheln, aber auch sonst am Körper, der vollständig bekleidet ist, pinkfarbene Wollschnüre befinden.
Wolle in der Art, als ob sie damit gefesselt worden wäre...

Aus ist es zunächst mit dem Rest des Ostermontags und ab Dienstag auch mit meinem Urlaub. Den trete ich dann am Donnerstag an.

Als ich eintreffe, liegt der Körper noch immer am Illerufer. Er ist mit einer Leichenplane zugedeckt.

Nach deren Abnahme schätze ich, dass das Mädchen vielleicht acht bis zehn Jahre alt ist. Ihre Identität ist völlig ungeklärt.

Eines ist klar: Das Kind lag im Wasser des doch relativ schnell fließenden Flusses.

Einfach so hineingefallen war sie nicht, zumindest nicht hier. Daher lässt der an eine Fesselung erinnernde Zustand nichts Gutes erahnen.

Doch wie kommt dieses Mädchen hierher und wer ist sie? Irgendetwas - wahrscheinlich Schreckliches - muss dahinter stecken...

Auf die Schnelle lassen sich an dem Mädchen keine augenscheinlich groben Verletzungen feststellen. Lediglich der vordere Halsbereich zeigt schwammige und damit unklare konturlose Verfärbungen auf, ähnlich die von Druckstellen.

Wenn du nicht mal den Namen des Opfers hast, wie willst du auf den eines möglichen Täters kommen?

Abtransport und Verbringung in die Leichenhalle des Friedhofes in Immenstadt.

Dort Spurensicherung. Sicherstellung der Bekleidung usw.

Irgendwann ist mal Feierabend und wir Kriminaler, die wir zwischenzeitlich in den Dienst geholt worden und mit dem Fall betraut worden sind, wollen nach Hause.

Doch dann eine Wendung: Die Sonthofener Kollegen schlagen Alarm.

Bei ihnen in der Inspektion hatte sich eine aufgeregte Frau gemeldet. Sie vermisse ihre neunjährige Tochter.

Sie hatte, um dem Stress mit ihrem Ehemann zu entgehen (warum wohl?), die Ostertage bei einer Freundin in Sonthofen verbracht.

Mit dabei waren natürlich ihre Tochter Jessy und deren drei Jahre ältere Schwester. Nun wäre Jessy nirgendwo aufzutreiben.

Die Mutter hatte das mit ihren Kindern schon öfter gemacht. Feiertage seien ein Graus in der Familie.

So hätten ihre Töchter auch Kinder hier in Sonthofen aus der Nachbarschaft ihrer Freundin kennengelernt.

Doch von Jessy, sie hätte schon überall nachgefragt, habe niemand etwas gewusst.

Außer der Polizei weiß noch niemand offiziell von dem Leichenfund.
Was war zu tun? Es ging schon in Richtung Mitternacht und am nächsten Tag musste es ja wieder weitergehen.
Ist das tote Mädchen die vermisste Tochter?
Um dies schnellst möglich herauszubekommen, gibt es nur eine einzige Möglichkeit.
Jemand muss sie identifizieren! Wer könnte dies nicht besser als die Mutter?
Die Frau, natürlich völlig geschockt von der Nachricht, dass ein totes Mädchen gefunden worden war, fühlte sich dazu aber nicht in der Lage.
Was sollte Immenstadt, der Leichenfundort auch mit Sonthofen, wo das Mädchen verschwunden war, miteinander zu tun haben?
Schlussendlich sagte aber die 12-jährige Schwester: »*Ich mache das. Ich will das Mädchen sehen!*« Kurz gesagt: Es war ihre Schwester!
Nun wurde der Tag meinerseits beendet. Wie gesagt, am nächsten Tag musste es ja weitergehen.
Zuhause angekommen legte ich mir das erste Mal, seit ich bei der Kripo war, Bleistift und Papier auf das Nachtkästchen.
Könnte ja sein, mir fiele ein, dass ich bei der Spurensicherung an dem Mädchen irgendetwas übersehen hätte. Wenn dem so wäre, müsste ich es unbedingt nachholen.

Dienstagmorgen. Frühbesprechung. Organisation der Überführung der Kinderleiche zur Obduktion.
Diese erfolgte in der Pathologischen Abteilung des Klinikums Memmingen. Obduzent: Dr. Höhmann.
Dabei anwesend meine Kollegin Gertrud.
Leider ergab das Ergebnis der Autopsie, außer dass es sich um einen gewaltsamen Tod von fremder Hand handelte, keine eindeutige anatomische Todesursache.

Weder Tod durch Erwürgen noch Tod durch Ertrinken, noch...
Eindeutig aber dieses Ergebnis:
Das Mädchen war auf das Schwerste sexuell missbraucht worden. Dementsprechende Verletzungen am und im Genitalbereich belegten dies. Unmöglich! Die Verletzungen waren nur durch massive manuelle Penetration erklärbar. Niemals hätte ein Penis solche hervorrufen können...

Die Ermittlungen noch in der Nacht und vor allem aber des nächsten Tages ergaben, dass Jessy in der Nachbarschaft eigentlich nur zu einer Freundin in der So-und-so-Straße gewollt haben könnte.
Die Kollegen waren überrascht, was ihnen da zu Ohren kam.
Bei der Nachbarschaft in Sonthofen handelte es sich um einen durchgehend gebauten Wohnblock mit zwei Hauseingängen.
Bei der Befragung dieser Nachbarschaft mit dem Hintergrund, dass es ein totes Mädchen gibt, taten sich Abgründe auf.
Plötzlich kam ein sogenannter »Guter-Onkel-Willi« aufs Tablett. Dieser, alleinstehend (kein Vorwurf), solle sich eigentlich immer in der Nähe von Kindern aufgehalten haben und aufhalten...

Urplötzlich!

Bis zu diesem Zeitpunkt - offensichtlich wussten ja viele von dessen Vorliebe - hatte aber nie irgendjemand einmal gegenüber einer Behörde, ich weiß, so etwas ist äußerst heikel, eine Andeutung gemacht.
Die Befragung ergab auch, dass Nachbarn, die oberhalb von Willi wohnten - es war ja schönstes Wetter - auf dem Balkon saßen.
Von dort sahen sie, wie Willi eine Reisetasche zu seinem Pkw, einem Audi 80, getragen hatte.
Diese hatte er in den Kofferraum gestellt und die Klappe zugemacht.
Man habe sich gedacht: Naja, der Willi fährt wohl in den Urlaub.
Sonst - auch kein Vorwurf - nichts.

Natürlich war zwischenzeitlich auch seine Arbeitsstelle ermittelt worden. Man wusste, dass sein Arbeitsbeginn am kommenden Tag um 5 Uhr war, usw.

So hatte sich nach und nach aus einem gewissen abstrakten ein massiver konkreter Tatverdacht gegen diesen »Guten...« ergeben.

Nachdem die Ermittlungen am Dienstag abgeschlossen waren - auch das vorläufige Ergebnis der Obduktion lag auf dem Tisch -, wurde das weitere Vorgehen mit der Staatsanwaltschaft und dem Ermittlungsrichter abgesprochen. Dabei war beschlossen worden, den »Guten Onkel« am Morgen des nächsten Tages um 5 Uhr an seiner Arbeitsstelle festzunehmen.

Hierzu hatte der Ermittlungsrichter einen Haftbefehl und gleichzeitig einen Durchsuchungsbefehl für dessen Wohnung und Pkw erlassen.

So kam es dann auch.

Er wurde den ganzen Tag über, natürlich mit Pausen, vernommen und... Gertrud und ich, wir widmeten uns in dieser Zeit seiner Wohnung und danach seinem Pkw.

Wir waren aber auch an der Iller, direkt am Leichenfundort.

Dort wollten wir die Fließgeschwindigkeit des Flusses, annähernd unverändert zu den Vortagen, feststellen. Genaue Daten würden über das Wasserwirtschaftsamt zu erlangen sein.

Auch wollten wir die Strömungsverhältnisse beobachten.

Wo konnte der Körper des Mädchens ins Wasser gelangt sein? Wo würde er am ehesten strömungsbedingt anlanden?

Spurensicherung in der Wohnung des Willi!

Und das mit Erfolg!

Welche Freude für uns!

Die Reisetasche im oberen Teil eines Schrankes. In ihr Faserspuren der pinkfarbenen Wolle.

Weiter im Schrank der Rest eines pinkfarbenen Wollknäuels. Und vor allem Haare in der Tasche, auf seiner Couch, usw., usw.

Wie sich herausstellen sollte waren es Haare von Jessy.

Am Abend bei der Polizeiinspektion Sonthofen - wir wollen uns eigentlich nur bis zum nächsten Tag verabschieden - war der »Gute Onkel« immer noch dort und wurde vernommen.
Er hatte zwischenzeitlich gestanden.
Er könne aber nichts dafür, den Drang zu haben, Kindern pornografische Zeitungen, d.h. auch Fotos und anderes, zeigen zu müssen. Ja, das wäre schon öfter so vorgekommen...
Nun, am Abend wollte man bei der Vernehmung eine Pause machen und diese könnte, gemeint waren wir, doch für die Spurensicherung an ihm genutzt werden. Man ist ja nicht so, wenn der Urlaubsanfang eh schon versaut ist.

Was bedeutet nun aber die Spurensicherung an ihm, diesem Mann?
Nun, am Mittwochabend, nachdem zwischenzeitlich zwei Tage seit dem Auffinden des Mädchens vergangen waren? Der Mann konnte gebadet, geduscht, sich sonst chemisch, also mit anderen Hilfsmitteln, gereinigt haben. Was sollten wir an seinem Körper nach dieser Zeit noch an tatrelevanten Spuren finden?
Doch wieder eine Überraschung:

Ich wollte nur, natürlich mit seinem Einverständnis, ansonsten hätten wir einen richterlichen Beschluss einholen müssen, einige Haare von seinem Kopf, seiner Brust- und Schambehaarung abschneiden. Außerdem seine Fingernägel, verbunden mit dem Auskratzen des verbliebenen Fingernagelschmutzes. Jeden Finger einzeln, angefangen beim rechten Daumen, endend beim kleinen Finger der linken Hand.
Beim Schneiden der Nägel frage ich ihn, ob er wisse, warum ich das tun würde.
»Selbstverständlich! Sie wollen da Blut finden. Aber ich sage Ihnen, wenn Sie welches finden, dann ist das meines. Ich habe nämlich oft Nasenbluten.«

Ab Donnerstag hatte ich dann tatsächlich doch Urlaub!

Aber man hatte mich angerufen und mir mitgeteilt, dass der »Gute-Onkel-Willi« kurz nach der Maniküre ein vollständiges Geständnis abgelegt hatte. Offenbar hatte er keinen Ausweg mehr gesehen: Das Mädchen sei ihm aufgefallen, weil es suchend vor dem Haus gestanden hätte.

Er, sofort aus dem Haus hinaus, habe es gefragt, was oder wen es denn suche. Na, die Angelika, die wohnt doch hier, oder?

Er habe dem Mädchen gesagt: »*Na, da musst du zum nächsten Eingang, die wohnt dort.*«

Er sei, weil er das Kind noch nie gesehen und es daher also auch ihn vermutlich noch nie gesehen hatte, nun schlagartig auf die Idee gekommen, das wäre doch vielleicht was für ihn.

Die kommen da nie auf mich...!

Deshalb sei er durch den Kellergang zum anderen Treppenhaus, vor dem das Mädchen nun gestanden war.

Er habe die Türe geöffnet, das Mädchen gepackt, ihr den Mund zugehalten, durch den Kellergang zu seinem Treppenhaus gezogen und von dort hoch in seine Wohnung.

Dort... Was hätte er denn dann tun sollen...?

»*So habe ich das Kind, es war irgendwie leblos, dann mit der Wolle gefesselt, in eine von meinen Reisetaschen gepackt. Die habe ich dann zum Auto getragen und in den Kofferraum gestellt.*

Dann bin ich rumgefahren.

Irgendwie musste ich das Mädchen doch loswerden. Die Frage war, nur wo?

Ich hatte panische Angst und so fuhr ich von Sonthofen in Richtung Immenstadt.

Eigentlich wollte ich sie im Moor an der Birkenallee beseitigen.

Dort waren mir aber wegen des schönen Wetters zu viele Leute.

So bin ich in meiner Not halt bei Immenstadt an die Iller.

Dort gibt es eine alte Kiesgrube (der Firma...) an einem Altwasserarm.

Da bin ich dann hin, weil sich an einem solchen Feiertag kein Mensch dorthin verirrt.

Ich habe die Tasche mit dem Mädchen, ich weiß nicht, ob es tot war, aus dem Kofferraum gehoben.
Dann habe ich an die Fesseln der Fuß- und die Handgelenke einen etwa gut faustgroßen, fast kinderkopfgroßen Stein gebunden und das Mädchen einfach so in die Iller geworfen. Anschließend bin ich heim und habe, nachdem ich mich beruhigt hatte, geschlafen...
Ich habe gehofft, die geht da wegen des Steins unter und dass sie dann auch da unten bleibt...«

Lebenslang...

Wenn er zwischenzeitlich nicht gestorben ist, sitzt der Mann noch heute...

Ein simpler Einbruch

- Tagesgeschäft

Kempten.

Ein altes viergeschossiges, schönes Stadthaus in der Bodmanstraße. Vier Wohnungen in den Obergeschossen, im Hochparterre eine Arztpraxis.

Das Haus muss mit einem neuen Farbanstrich versehen werden und ist deshalb bis zum Dach eingerüstet.

Am frühen Morgen wird durch einen der Bewohner die Polizei verständigt.

Eigentlich hatte er nur die Tageszeitung aus dem Briefkasten holen wollen, doch war wohl in der Nacht in die Praxis eingebrochen worden. Glasscherben im Treppenhaus...

Und momentan befänden sich die Ärztin und ihr Personal im Urlaub.

So fährt die Streife dorthin, spricht mit den Leuten, verständigt die Kripo und wartet.

Nach der Frühbesprechung - es pressiert ja nicht - fahren zwei Sachbearbeiter des K 2 und der ED zum Tatort. Vernehmung und Spurensicherung.

Nicht der Ansatz von Aufbruchspuren an der ebenfalls alten und wirklich schönen Haustüre. Ja, es könne schon sein, dass diese nicht versperrt war.

Ein Versäumnis - aber bisher war ja nie etwas passiert...

Geräumiges Treppenhaus, Holztreppen, Metallgeländer mit hölzernem Handlauf, Kunststeinböden.

Eben ein schönes altes Stadthaus!

Die Türe zur Arztpraxis: Zweiflügelig, ebenfalls alt, ebenfalls schön, mit je einem Wellglasfeld im oberen Bereich. Ca. 100 cm hoch, 65 cm breit, die Unterkante davon ca. 90 cm über dem Fußbodenniveau. Im Glas des vom Treppenhaus aus gesehen rechten Flügels mit Schloss und Türdrücker am unteren Rand ein Loch: 43 cm breit, 37 cm hoch, unregelmäßig gezackte Bruchränder, mehrere kleine Glassplitter am Boden, außen und innen.

Doch mehrere großflächigere Glasbruchstücke auf der Treppenhausseite stehen am linken Türflügel, sogar mehrlagig abgestellt, nicht nur einfach fallen gelassen. Der Täter hatte wohl keinen unnötigen Lärm verursachen wollen. Deshalb hatte er diese sorgfältig aus der Fassung ausgebrochen und am Boden abgestellt.

Doch sicherlich nicht nur deshalb. Wie hätte er in die Praxis gelangen können, ohne die Türe gewaltsam, also mittels eines Werkzeuges durch Aufbrechen zu öffnen? Dies hätte aber wiederum Lärm verursacht.

Was der Täter nicht bedacht hatte: Er hinterließ wunderbare daktyloskopische Spuren - also Fingerspuren - an den größeren Scherben. Wunderbar deshalb, weil es sich bei mehreren von diesen um Griffspuren handelte.

Daumen auf der einen, Finger auf der anderen Seite. Unmöglich, wenn man diese Scherben nicht in der Hand gehabt hatte. Typisch auch für das Herausbrechen aus dem Türrahmen.

Zunächst wurden von uns die Glasbruchkanten im Türrahmen mittels eines Klebebands, ähnlich dem allen bekannten sogenannten Tesa-Film, nur breiter, abgetastet. Dies diente zur Sicherung eventuell vorhandener latenter Faserspuren. Diese konnten, wenn überhaupt vorhanden und nachweisbar, logischerweise nur vom Täter bzw. dessen Kleidung stammen.

Dann folgte die Sicherstellung der größeren Glasbruchstücke.

Der herbeigerufene Hausverwalter sperrte uns auf und wir konnten in die Praxis. Es ist die Praxis einer Frauenärztin.

Auf den ersten Blick war dort eigentlich alles in Ordnung, heißt, es gab keine Unordnung.

Doch dann, in einem Raum an der Südseite des Gebäudes sahen wir ein geöffnetes Fenster, welches von innen entriegelt war.

In diesem Raum war ein etwa koffergroßer Wandschrank montiert. Aufschrift: BETÄUBUNG

Und dieser Schrank, bei Leibe kein Tresor, war aufgebrochen. Aufgebrochen mit einem ärztlichen Instrument, das aus der Praxis stammte.

Nachdem die Ärztin ihren Urlaub abgebrochen hatte und wieder in Kempten war, stellte sich heraus: In dem Schrank waren keine Betäubungsmittel aufbewahrt gewesen. Diese waren sicher in einem anderen Schrank verwahrt. So stellte sich die Frage, ob bei dem Einbruch denn überhaupt etwas entwendet worden war.
Wenn, dann vielleicht ein, zwei Rezeptblöcke.
Begehrtes Gut bei den »Giftlern«, doch wie gesagt, sicher war gar nichts...
Die daktyloskopische Spurensicherung erbrachte eine Überraschung. An der Innenseite des unteren, weiß lackierten Holzfeldes der Praxistüre, also jener, an der die Scheibe eingeschlagen worden war, zeigten sich zwei, ich nehme den Begriff wieder in den Mund, wunderbare Handflächenspuren.
Die Fingerspitzen, die nach unten zeigten, lagen knapp 20 cm über dem Fußboden.
Und das Beste: Zwei Spuren der Finger waren klassifizierbar.
Klassifizierbar. Was bedeutet dies?
Laienhaft ausgedrückt: Der Mittelpunkt eines Fingerabdrucks oder einer Fingerspur, sofern bei einer solchen feststellbar, wird innerer Terminus genannt.
Können um diesen herum, in einem Kreis mit 4,5 mm Radius zwölf anatomische Merkmale, die sogenannten Minuzien, gezählt werden, galt die Spur damals eben als klassifizierbar.
Nun, was bedeutet dies wieder? Die daktyloskopischen Sachbearbeiter beim LKA, dem Landeskriminalamt, ermittelten so eine Buchstaben-Ziffern-Kombination:
Die Formel.
Und diese konnte man nun mit den dort einliegenden Fingerabdruckblättern vergleichen.
Wie machte man dies? Wiederum laienhaft ausgedrückt: Die Fingerabdruckblätter waren in Karteischränken aufbewahrt.

Hatte man die Formel einer Spur, musste in diesen nur das entsprechende KP1a, so lautete die Formularbezeichnung der Fingerabdruckblätter, gefunden und dann verglichen werden. Stimmen Grundmuster, Form und Lage der Minuzien überein?
Bei eindeutiger Übereinstimmung erstellt dann ein Sachverständiger ein entsprechendes Gutachten.
Übrigens: Handflächenabdrücke konnten damals nicht klassifiziert werden. Heute übernimmt dies alles die EDV.
Wir hatten Pech, denn wir hatten zwar klassifizierbare Spuren, aber in der Kartei keine dazu passenden Abdrücke.

Dann, fast fünf Jahre nach der Tat, holte uns das Glück doch noch ein!
Was war passiert? Kurz vor Verjährung einer Straftat wurden die einliegenden klassifizierbaren Fingerspuren nochmals von einem anderen Sachbearbeiter in die Hand genommen - und siehe da!
Der kam zu einer anderen, wenn auch nur geringfügig abweichenden Formel und in der entsprechenden Schublade des Karteischrankes fand sich das entsprechende Fingerabdruckblatt.
Dieses war, welch ein Wunder, schon vor einigen Jahren in Kempten, also bei uns, von einer jungen Dame, Christine S., gemacht worden.
Christine wurde vorgeladen und wurde mit dem Vorwurf konfrontiert, in die Arztpraxis eingebrochen zu sein.

Nun, man kannte die Dame. Sie war kein unbeschriebenes Blatt. Wie hätten wir auch sonst ihre Fingerabdrücke haben sollen?
Nein! Sie habe nicht dort eingebrochen!
Nein, niemals!
Wie sie es dann erklären könne, dass ihre »Pfoten« dort gesichert werden konnten? Ihre Erklärung? Ganz einfach!
Sie sei damals auf der Suche nach einem Frauenarzt oder auch -ärztin gewesen. Ja, und deshalb wäre sie auch dort gewesen. Praxis und Ärztin hätten ihr aber nicht zugesagt. So sei sie wieder gegangen und nur deshalb...

Lange Rede, kurzer Sinn: Christine wurde erneut, diesmal mit Handflächenabdrücken, erkennungsdienstlich behandelt und auch diese führten nun zu Treffern.

Monate später kam es zur Verhandlung vor dem Einzelrichter beim Amtsgericht Kempten. Ich war der einzige Zeuge. Nach meiner Belehrung, die Wahrheit und nichts als die Wahrheit zu sagen, nichts zu verschweigen oder Falsches hinzuzufügen, wurde ich aus dem Gerichtsaal geschickt.
Es dauerte aber nicht lange bis ich aufgerufen wurde.
Zunächst erfolgte die Befragung nach meinen Personalien: Name, Vorname, Alter, Beruf und, damals noch Wohnort.
Der Richter fragte mich dann, was ich denn am Tatort gemacht, also welche Funktion ich da innegehabt hätte. Nach meiner Antwort sagte er mir, dass die Angeklagte Angaben zur Sache gemacht habe:
Sie habe zugegeben, damals in dem Haus gewesen zu sein. Schuld daran habe aber ihr damaliger Freund, ein »Giftler«...
Man sei in den Morgenstunden durch die Stadt »gegeistert«.
An dem Haus in der Bodmanstraße wäre ein Schild mit dem Namen einer Ärztin und dem Hinweis: „Wegen Urlaub bis ... geschlossen" angebracht gewesen - und die Haustüre sei nicht versperrt gewesen.
Die Gelegenheit!
Er habe dort, also in der Praxis, einbrechen, sie ihn davon abhalten wollen. Sie hätte sich aber nicht durchsetzen können.
Er, ihr Freund, habe dann mit dem Ellbogen die Scheibe eingeschlagen und sei durch das Loch in die Praxis. Dann habe sie »*Aua, Scheiße, ich habe mich geschnitten*« gehört.
Sie hätte gesagt: »*Schauen wir, dass wir abhauen!*«
und er sei dann wohl zum Fenster hinaus...
Dann wären sie einfach weiter und fort.
Pech!

Weil man diesen Freund nicht mehr befragen konnte, da er schon vor über einem halben Jahr an den Folgen eines »goldenen Schusses«...

Was ich dazu sagen würde, fragte mich der Richter.

Meine Aussage:

»Wenn die Angeklagte angibt, dass sie mit ihrem damaligen Freund dort gewesen sei, kann ich das aus meiner Funktion als Spurensicherer nicht widerlegen.

Ganz im Gegenteil, dies kann sogar ohne weiteres die Wahrheit sein. Doch eines steht fest, es gibt keinerlei Hinweise, dass sich jemand in der Praxis verletzt hatte. Nicht den winzigsten Bluttropfen.

Ja, ihr Freund, oder ein anderer, wird schon dabei gewesen sein. Denn wie sonst hätte die Angeklagte in die Praxis gelangen können?

Durch eine Hechtrolle durch das Loch der eingeschlagenen Scheibe?

Und, wie hätten deren Finger- und Handflächenabdrücke im untersten Bereich an die Innenseite der Türe gelangen können?

Sie ist, wie man sehen kann, keine Kleinwüchsige.

Und, dass sie beim Verlassen der Praxis, als sie diese nach der Arztsuche, auf Knien verlassen hätte, hat sie ja offensichtlich nicht gesagt.

Jederzeit nachvollziehbar aber ist, dass ihr Freund, oder wer auch immer dabei war, sie, nach dem Einschlagen der Scheibe, an der Hüfte haltend, durch das Loch manövriert und sie sich eben mit den Händen an der Türinnenseite nach unten getastet hat, bis sie am Boden war und dann...«

Die Angeklagte fing nun zu weinen an.

Der Richter zu ihr:

»Na, was sagen Sie jetzt, Angeklagte?«

Unter Schluchzen gestand sie und flehte:

»Herr Richter, wenn Sie mich jetzt verurteilen, kann ich nie mehr Krankenschwester werden.«

Richter und Staatsanwalt beraten hinter vorgehaltener Hand und dann ergeht Im Namen des Volkes folgendes Urteil:

»Das Verfahren gegen die Angeklagte Christine M. wird gegen Auflage einer Geldbuße in Höhe von 600 DM eingestellt.

Die Angeklagte trägt die Kosten des Verfahrens.

Begründung:
Die Angeklagte legte, wenn auch erst jetzt in der Hauptverhandlung, ein umfassendes Geständnis ab.
Aus den Akten ist nicht ersichtlich, dass bei der Tat tatsächlich etwas entwendet wurde.
Der entstandene Sachschaden, welchen natürlich die Angeklagte zu tragen hat, ist gering.
Angeklagte, nehmen Sie das Urteil an?«

Sie nickt unter Tränen, was als »Ja« protokolliert wird.

»Die Sitzung ist geschlossen!«

Christine M. hat ihre begonnene Ausbildung zur Krankenschwester nie abgeschlossen.
Die Zukunft wartete mit weiteren Verfahren auf sie, vor allem im Bereich der Rauschgiftkriminalität...

Schade um die junge Frau...

Kopfloser Mann am Nebelhorn

- kleine Sünden bestraft der liebe Gott sofort

Spätherbst, fast schon Winter. In den höheren Regionen liegt schon Schnee. Größtenteils taut er wieder weg, doch in Schattenlagen...
Tagsüber erreichen die Temperaturen gegen Mittag an der Sonne sogar noch um die plus 20° C. In der Nacht liegen sie aber deutlich unter 0°.
Immer noch sind Bergwanderer unterwegs, auch wenn die Hütten bereits geschlossen sind.
So auch am Nebelhorn. Dort stoßen Wanderer in einer Höhe von fast 1500 m an einem stark abschüssigen Hang auf eine Leiche. Schon deutlich oberhalb der Waldgrenze.
Eigentlich fällt ihnen zunächst nur auf, dass zwischen den dortigen vereinzelten, kleinen Schneefeldern Kleidungsstücke liegen.
Dann aber, inmitten von diesen, liegt ein Mensch.
Dem nackten Oberkörper nach ist es ein Mann. Auch die Kleidungsstücke passen zu einem solchen...
Doch: Der Mann ist kopflos!
Eigentlich gibt es von dieser Spezies ja viele, doch in diesem Fall stimmt es auch anatomisch.
Sie steigen ab und verständigen in Oberstdorf die damalige Grenzpolizeistation (GPS) über ihrem Fund.
Manche der Grenzer waren auch Bergführer. Zusammen mit den Männern der Bergwacht steigen sie auf und bergen den Leichnam. Er kommt in die Friedhofshalle und am nächsten Tag treffen sich Dr. Höhmann und ich dann dort.

Wieder ein schöner Spätherbst- oder auch Vorwintertag!
Der Friedhofswärter schiebt uns den Unfallsarg mit den sterblichen Überresten dieses Mannes in den Vorraum der Aufbahrungshalle.
Ja, es ist ein Mann.

Äußerst kräftige Statur. Oberkörper nackt. Hose: hellbeige, übliche Wanderhose. Keine Auffälligkeiten. Kein besonderer Inhalt der Taschen. Socken und knöchelhohe Wanderschuhe.

Unterhemd, Hemd, Wanderjacke und alles Weitere, was dort oben gefunden und eingesammelt worden war, wird in Plastiksäcken gesichert.

Doch nichts konnten wir finden, was eventuell auf die Identität dieses Menschen hätte hindeuten können.

Wie gesagt: Ein kopfloser Mann, der aber auch sonst nicht mehr ganz vollständig war.

End- und Mittelglieder der Finger der linken Hand fehlten, nur der Daumen war noch da. Die rechte Hand dagegen war komplett.

Dr. Höhmann und ich schauten uns nun den Mann, nachdem wir ihn vollständig entkleidet hatten, genau an:

Ein Mann, Alter eigentlich so nicht beurteilbar, da ja kopflos, auf jeden Fall aber nicht mehr jung.

Auch keine Halspartie, nein im oberen Brustbereich ein fast rundes, ausgefranstes Loch.

Die Haut des Oberkörpers war ziemlich dunkel verfärbt und fühlte sich leicht hart an.

Die Hände fühlten sich nicht weich an und glichen eher einem alten Lederschuh.

Zur Körpergröße und -statur nicht passende kleine Hände.

Es gibt deutliche Zeichen der schon eingesetzten Mumifizierung. Der Mann musste also doch schon einige Zeit hier oben gelegen haben und den für diese Jahreszeit typischen Witterungsbedingungen ausgesetzt gewesen sein.

Keinerlei Zeichen von Gewalteinwirkung an lebenswichtigen Partien.

Entscheidend aber eine deutliche Verdickung des Sprunggelenks des linken Fußes.

Offenbar hatte sich der Mann bei seiner im wahrsten Sinne des Wortes letzten Bergtour den Knöchel verstaucht.

Wahrscheinlich konnte er dadurch nicht wie geplant weiter absteigen und war dann vom Einbrechen der Nacht überrascht worden.

Die Folge: Er erfror.

Doch warum hatte er seine Oberbekleidung, die rund um ihn aufgefunden worden war, ausgezogen?

Es gibt eine einfache, wissenschaftlich belegte Erklärung:

Erfrierende nehmen in der Agonie, dem Zustand zwischen Leben und Tod, eine Empfindung wahr: Es wird ihnen warm, wenn nicht sogar heiß und deshalb versuchen sie, sofern sie dazu noch in der Lage sind, sich ihrer Kleidung zu entledigen.

Was dann folgt sind Tierfraß und, je nach Witterungsbedingungen, anschließend der beginnende Flüssigkeitsverlust des Körpers und damit die Austrocknung!

Ameise, Käfer, Maus, Fuchs und Dachs, auch Krähe, Bussard, Adler und Verwandtschaft tun ihr Werk.

Wo beginnen sie dieses?

An den für sie am leichtesten zugänglichen Körperpartien. So ist es nicht verwunderlich, dass sie hier am Hals anfingen. Irgendwann halten auch die zähesten Muskelfasern oder auch Sehnen nicht mehr. Doch wo ist der Schädel...? Der Fuchs wird schon wissen, wohin er ihn verschleppte. Tolle Erkenntnis! Zur Identifizierung aber kein Beitrag.

Natürlich wird die Leiche am darauffolgenden Tag obduziert werden.

Und natürlich wird dort alles, was zu der Identifizierung des Toten dienen könnte, unternommen

Die schnellstmögliche Art wäre aber, die Fingerabdrücke des Unbekannten lägen irgendwo in einem Landeskriminalamt oder der Kartei des Bundeskriminalamtes ein.

Auch der Zahnstatus hätte helfen können, doch ohne Kopf kein Status der Zähne...

Deshalb entschließt sich Dr. Höhmann - es tut mir leid, aber es ist so - die ledernen Hände beziehungsweise deren Reste mittels eines Skalpells von den Handgelenken abzutrennen.

Ich fahre mit diesen dann, in einer Plastiktüte im Kofferraum, nach Kempten. In der Kfz-Werkstätte der Polizeidirektion bettele ich um einen leeren, aber doch gespülten Ölkanister. Weitere Bitte: Schneidet mir mit der Blechschere den oberen Rand weg.

Warum sie das tun sollten, wo doch der Kanister eh im Altmetall landen würde?

Nun, nachdem ich es ihnen erklärt hatte, gesagt, getan und es kamen keine weiteren Fragen.

Ich hatte nun also meinen Kanister. In diesem setzte ich Seifenlauge an. Dazu kam eine Chemikalie: Kaliumpermanganat.

Kaliumpermanganat deshalb, um die sich sicherlich bald entwickelnde Geruchsbildung zu minimieren.

Von einer »ledernen« Haut kann man keine Fingerabdrücke nehmen. Deshalb musste diese Haut wieder geschmeidig gemacht werden.

Also!

Die Hände bzw. Überreste kamen in einem abgeschlossenen, niemand zugänglichen Raum des Erkennungsdienstes in diese Flüssigkeit. Ab und zu umrühren, fertig - und natürlich tägliche Kontrolle!

Irgendwann erreicht man damit einen Vorgang, den jeder, der zu lange in der Badewanne liegt, kennt:

Die Haut der Handinnenflächen und damit auch der Finger, das gleiche an den Füßen, verändert sich.

Ergebnis: Sie wird weich, wellig und schrumpelig, was dann als Waschhaut bezeichnet wird.

Der unerwünschte Nebeneffekt: Die erwähnte gewisse Geruchsbildung. Ich will hier nicht auflisten, mit welchen Worten mich meine Kollegen in diesen Tagen freundlich betitelt haben!

Doch nur ein gutes Ergebnis bringt einen Erfolg, wenn's halt auch ein bisserl stinkt...

Solch eine verschrumpelte Haut ist aber auch nicht gerade dazu geeignet, die besten Fingerabdrücke zu liefern.

Daher kommt es zwangsläufig zum nächsten Schritt: Die Entfernung der nun schrumpeligen Oberhaut, der Epidermis.

Wartet man lange genug, löst diese sich von alleine, aber diese Zeit wollte ich verkürzen.

So setzte ich mich in meinem stillen, vielleicht nicht ganz geruchsdichten, Kämmerlein hin, nahm Lupe, Pinzette und Skalpell zur Hand, und präparierte in mühevoller Kleinarbeit die Oberhaut von der Unterhaut, der Subcutis, ab.

Die Unterhaut der Kuppen der einzelnen Finger präsentierte sich als tauglich zur Abnahme von Fingerabdrücken.

In der des rechten Daumens zeigte sich eine diagonal verlaufende Narbe.

Ein weiteres, da einmalig zu bezeichnendes, Identifizierungsmerkmal.

Um die Abdrücke der einzelnen Finger nach dem Einschwärzen mit Druckerschwärze auf dem KP1a besser abrollen zu können, trennte ich diese mit einem Skalpell ab den Mittelgliedern vom Rest der Hände ab.

Was kann man nun mit diesen anfangen, wenn kein Vergleichsmaterial vorliegt?

Doch die Kollegen der GPS waren rührig.

Sie hatten eine Pensionswirtin gefunden, der ein Gast fehlte. Sein Gepäck war auf seinem Zimmer, der Meldeschein in ihrer Schublade.

Laut diesem, ein Herr Soundso..., der letzte Buchstabe des Familiennamens mit »i« geschrieben, wohnhaft Hannover.

Antwort der dort bei der Polizei per Fernschreiben gestellten Anfrage: Kennen wir. Einmietbetrüger. Wird aber anders geschrieben, nämlich mit »y« und nicht mit »i«.

Mittels Telebild erbitte ich um die Übersendung des von diesem Herrn beim LKA Hannover einliegenden Fingerabdruckblattes an die Telebildstelle unserer Polizeidirektion.

Beim Vergleich meiner von den Fingern der Leiche genommenen Abdrücke ergibt sich eine eindeutige Identität durch die geforderte Anzahl an Übereinstimmungen von Minuzien, aber auch die von mir festgestellte Narbe zeigt sich im Abdruck des rechten Daumens.

Verletzung, Abheilung und damit Vernarbung müssen also zeitlich schon vor dem Aufnahmetag der Fingerabdrücke erfolgt sein.

Für uns egal - wichtig: Der Fall ist geklärt, und zwar hundertprozentig, denn es gab, gibt und wird es nie geben, zwei Menschen mit den gleichen Fingerabdrücken - nicht einmal eineiige Zwillinge haben solche!

Doch wieso hatte der Herr Soundso... im Meldeschein seinem Namen mit »i« anstatt, wie richtig, mit »y« eingetragen?
Warum?
Wollte er am Ende doch die Pensionswirtin betrügen...?

Kleine Sünden bestraft der liebe Gott eben doch sofort.

In diesem Fall sogar mit dem Tod...

Verkehrsunfall

- oder vielleicht doch nicht?

Ein gewöhnlicher Wochentag, so gegen 11 Uhr vormittags.
Ganz normaler Verkehr auf der Bundesstraße B310 von Sonthofen in Richtung Bad Hindelang.
In der Linkskurve, unmittelbar nach dem Stadtgebiet kurz vor Binswangen, kommt ein Pkw ohne erkennbaren Grund nach links von der Fahrbahn ab und fährt ungebremst schnurstracks über den dortigen Fuß- und Radweg.
Eine ältere Frau, die hier westwärts nach Sonthofen zu Fuß zum Einkaufen unterwegs war, wird von dem Pkw frontal erfasst.
Sie wirbelt durch die Luft, fällt zu Boden und verstirbt an der Unfallstelle...
Hatte der Fahrer gesundheitliche Probleme, denn verkehrsbedingt gab es keinerlei Gründe, dass dessen Pkw nach links...?

Unfallstelle?
Die Frage stellte sich offenbar intuitiv auch mehreren Pkw-Lenkern, die hinter dem Unfallfahrzeug gefahren waren.
Sie waren mehr als bestürzt, als dieses sofort wieder nach rechts auf die B310 gelenkt wurde und dann mit überhöhter Geschwindigkeit in östlicher Richtung davonfuhr.
Zwei, drei Pkw nahmen die Verfolgung auf. Zur Überraschung dieser Fahrer bog das Unfallfahrzeug nach Binswangen rechts in Richtung Imberger Horn, einem 1656 m hohen Berg, ab.
Was der Flüchtige offenbar nicht wusste: Nach einigen hundert Metern endet diese Straße an der dortigen Strausberg-Alm.
Schluss! Aus! Ende der Fahrt, denn ab da geht es einfach nicht weiter!
Und dort wird der flüchtige Fahrer, der alleine im Auto ist, von den anderen gestellt.

Zwischenzeitlich waren Notarzt, Sanitäter und die Polizei von Sonthofen vor Ort. Die Angelegenheit wurde wie ein Unfall behandelt und auch als solcher aufgenommen.

Selbstverständlich hatte eine zweite Streifenbesatzung den flüchtigen Unfallverursacher bereits am Berg abgeholt und dessen Pkw sichergestellt.

Dort war dieser von den anderen Autofahrern, völlig legal vorläufig durch das Jedermanns-Recht nach § 127 unserer Strafprozessordnung gedeckt, festgenommen worden.

Dann erfolgte aber eine Wendung in der Sache:

Der Mann sagt gegenüber den Polizeibeamten aus, dass dies gar kein Unfall war...

Nein, nein, es sei pure Absicht gewesen...!

Darum kam nun die Kripo ins Spiel: Absicht, also vorsätzliches Tötungsdelikt. Entweder war es Mord oder Totschlag.

Warum mir diese Episode, mit der ich eigentlich nichts, außer, dass ich den Unfallfahrer erkennungsdienstlich behandeln durfte, zu tun hatte, gerade nun in den Sinn kommt?

Der Anlass, dass ich diese Geschichte aufschreibe, ist eine am 23. September 2019 spätabends in der ARD übertragene Dokumentation. Titel: »Messerland Deutschland?«

In dieser machte ein verurteilter Jugendlicher, der einen quasi Gleichaltrigen durch einen Messerangriff fast getötet hatte, folgenden Ausspruch:
»Ich wollte wissen, wie es ist, wenn man halt, einfach nur mal so, einen absticht...«

Am nächsten Tag saß der Fahrer, Anfang 30 (Jahre alt), bei mir vor dem Schreibtisch. ED-Behandlung.

Ich spreche, wie es halt nun mal so meine Art ist, auch mit diesem Mann und frage ihn nach den Umständen seiner ja bereits gestandenen Aussage:
»Ja, ich habe halt wissen wollen, was das für ein Gefühl ist, wenn man einen Menschen tot fährt...«

117

Erschreckend!
Wie verroht muss ein Mensch sein - oder anders gesagt, wie krankhaft muss dessen Gehirn sein, um solche Worte ohne Emotion und nicht dem geringsten Ansatz von Reue von sich geben zu können...?

Was mich immer bewegt hat:
Wie kann es in unserer angeblich zivilisierten Gesellschaft überhaupt zu so einer Verrohung kommen?

Einfach nur krank, krank, krank...

Die Ursachen liegen wahrscheinlich tief, sehr tief...

Überfall, Geld her, sonst...

- fast schon lächerlich!

Teilzitate aus einem Brief an meine ehemalige Dienststelle (Absätze, Satzzeichensetzung und Unterstreichungen sind original übernommen):

Rainer U...   *Kempten, 17.11.2007*
Ihr AZ: BY7409-00....-07-9
K3-ED

Guten Tag, sehr geehrter Herr Adamer,
ich weiß gar nicht so recht wie ich diesen Brief beginnen soll, denn dieses Couvert liegt nun schon fast <u>drei Monate</u> inhaltslos bzw. lag in meinem Haftraum. Ich habe mir einfach nicht zugetraut Ihnen zu schreiben. Nach reiflicher Überlegung, bin ich jedoch der Ansicht, dass es richtig ist mich an Sie zu wenden. Daher schreibe ich Ihnen frei von der Leber weg, unter der Prämisse „<u>In der Kürze liegt die Würze</u>" ein paar Zeilen. Ich bin auch der Ansicht, dass ich nichts verkehrt machen kann und ich z.Zt. <u>ausgesprochen gut untergebracht</u> bin.
Sie wundern sich sicherlich auch warum ich mich auf diesem Wege an Sie wende. Aber alles im Leben hat seine Gründe. Hinsichtlich <u>Ihrer Person</u> liegt jedoch ein <u>ganz besonders positiver</u> Grund bei mir vor. Nachdem nun mein Urteil seit dem 18.7. rechtskräftig ist, mache ich das auch mit einem ruhigen Gewissen und weil es mein <u>Anstandsgefühl</u> Ihnen gegenüber von mir verlangt ...
... möchte ich mich in aller Form für Ihre ... bedanken...
... Viel Erfolg, Gesundheit und ...
Wie Sie wissen, sitze ich nun schon fast 10 Monate...
Es folgt eine Schelte für seinen Pflichtverteidiger:
Ich frage mich, wie er sein Jura-Studium bestanden hat?

Acht handschriftlich eng beschriebene Seiten umfasst dieser aus dem Gefängnis an mich gerichtete Brief.

Laut Eingangsstempel des Geschäftszimmers kam er am 21. November bei der Dienststelle in den sogenannten Einlauf.

Doch, was war eigentlich geschehen, dass dieser Mann mir aus der Haft schrieb?

Es war ein Freitagnachmittag. Der 26. Januar.

Ein Mann, wie sich herausstellen sollte, Herr U., betrat in einem Dorf in der Nähe von Kempten einen Markt. Den Markt einer inzwischen nicht mehr existenten Drogeriekette.

Nachdem er sich zunächst kurz umgesehen und eine Kleinigkeit aus einem Regal genommen hatte, ging er an die Kasse. In diesen Läden in ganz Süddeutschland gab es neben Drogerieartikeln auch anderes. Neben Putzmitteln usw. auch Süßigkeiten und auch Alkoholisches. Nichts großartiges, halt die üblichen kleinen Fläschchen, Korn, Rum und andere.

Der Markt war - völlig normal?! - nur mit einer Angestellten besetzt. Außer ihr, einer älteren Kundin und dem Mann war niemand im Laden. Als die Kundin bezahlt hatte, waren die beiden alleine.

Der Mann ging an die Kasse, er hatte so ein Schnapsfläschchen, einen kleinen Flachmann in der Hand, doch den wollte er eigentlich nicht bezahlen, auch weil er gar nicht konnte.

Nein. Er zog unvermittelt einen Brieföffner - einen *Brieföffner* - aus der Jackentasche und bedrohte die Kassiererin:

»Überfall - Geld her, sonst...«

Die überrumpelte Frau, völlig konsterniert, griff natürlich in die Ladenkasse und drückte dem Mann die wenigen Euro-Scheine, es waren damals schon schlechte Zeiten für diese Drogeriemarktkette, in die Hand.

Der steckte das Geld ein und verschwand aus dem Laden.

Einziger Fluchtweg: Hin zur Hauptstraße.

Was man sich eigentlich nicht vorstellen kann, in diesen Läden gab es zwar Telefon, doch konnten die Angestellten dort nur eingehende Anrufe annehmen.

Nicht einmal die 110, also den Notruf, konnten sie wählen.

Wählen schon, aber es gab keine Schaltung und damit keinen Anruf!

Was tat die arme Frau, nachdem der Räuber weg war?

Sie lief vor das Geschäft um Hilfe zu holen und traf zufällig auf einen im Haus wohnenden jungen Mann und rief:

»Der, der da, der hat mich überfallen!«

Der junge Mann, Fußballer, kräftig, nimmt ohne zu zögern die Verfolgung des etwa 50-jährigen Mannes auf, der in Richtung Ortsmitte läuft. Das war dem Verfolgten natürlich nicht entgangen. Er hatte selbstverständlich auch das Rufen:

»Halt, bleiben Sie stehen!« gehört.

Doch was macht der Mann, kurz bevor er eingeholt wird?

Er dreht sich um und droht nun seinem Verfolger:

»Wenn du mich nicht in Ruhe lässt, steche ich dich ab!«

Was macht der Verfolger? Er hält nun Abstand. Einen Sicherheitsabstand und sieht dann, wie der von der Verkäuferin als Räuber bezeichnete Mann beim Kriegerdenkmal unterhalb der Kirche irgendetwas wegwirft - immer noch mit Sicherheitsabstand, Gott sei Dank!

Und dann beobachtet der junge Mann, wohin der Räuber verschwindet. Es ist das Gebäude einer ehemals gut gehenden, nun aber heruntergekommenen Gaststätte mit Übernachtungszimmern. Und diese sind teils - doch noch - vermietet.

Die Polizei rückt an und innerhalb kürzester Zeit ist der Räuber dingfest gemacht.

Nun kommt die Kripo ins Spiel. Pech für mich, da ich noch auf der Dienststelle war.

So fahre ich mit dem zuständigen Kollegen des Kommissariats 2 zuerst zum Tat- und dann zum Festnahmeort. Im Zimmer bzw. einer Jackentasche des Festgenommenen waren mehrere Geldscheine sichergestellt worden. Deren Stückelung, das heißt die einzelnen Werte der Scheine, entsprach genau dieser, wie sie von der Verkäuferin angegeben worden war.

Weiter das Schnapsfläschchen, zwischenzeitlich leer. Und, der Fußballer hatte den Tipp gegeben: Der Brieföffner, die Tatwaffe, lag beim Kriegerdenkmal und war auch schon sichergestellt worden!

Der Täter wartete derweil auf uns in der Polizeidirektion Kempten.

Doch nein, er wartete nicht. Nein, er lag in Zelle 1 auf der dortigen aus Sicherheitsgründen gemauerten Pritsche. Auf dieser eine dicke, weiße, mit abwaschbarem Plastiküberzug versehene Matratze.

Auf dieser lag er nun und schlief zwischenzeitlich.

Und wie er schlief!

Er schlief anscheinend den Schlaf des Gerechten...

Den Schlaf des Gerechten - eher doch nicht?

Nein, er schlief tief, einfach nur tief, sehr tief!

Trotzdem wurde er von uns geweckt.

Ob er denn wisse, wo und warum er hier sei, war unsere erste Frage.

»*Natürlich: Bei der Polizei und weil ich Scheiße gebaut habe.*«

Der Mann war sturzbetrunken - aber vollkommen klar!

Vollalkoholiker!

Was folgte waren Blutentnahme und Vernehmung am Samstag in einigermaßen nüchternem Zustand.

Komplettes Geständnis, doch auf die Frage, warum ein Brieföffner? Die Antwort:

»*Den hatte ich zufällig dabei.*«

Wer trägt zufällig Brieföffner mit sich herum?

Nochmals ein Zitat, dieses Mal aber nur sinngemäß, aus dem Geständnis:

»*...alles fing damit an, dass ich meinen Führerschein verloren habe. Ich war bei einer großen Versicherung angestellt. Dort war ich im Außendienst und verdiente ein Schweinegeld: 10- bis 12.000 DM damals. Ehe, Familie, Haus, alles prima!*

Doch der Druck im Geschäft wurde immer größer. Dem war ich offensichtlich nicht mehr gewachsen. Und so griff ich dann zur Flasche...

Folge: Eben kein Führerschein mehr - und das im Außendienst!
Ich gebe es ja zu. Ich wurde zum Alkoholiker. Mir wurde gekündigt. Meine
Ehe ging kaputt. Haus weg, Schulden...
Nun bin ich leider hier angekommen...«

Urteil: Vier Jahre Freiheitsstrafe ohne Bewährung.

Die Geschichte, fast schon lächerlich, auch wenn mir der Mann irgendwie leid tat...
Kaputte Ehe, zerrüttete finanzielle Verhältnisse...

Ich fälle kein Urteil über ihn...

Übrigens, den Brief habe ich noch.
Und ich habe ihm auch, allerdings nicht handschriftlich - sondern mit
dem Computer geschrieben - geantwortet.

Irgendwann später, zu Fuß auf dem Nachhauseweg von der Dienststelle,
traf ich mit ihm zusammen. Ich hätte ihn nicht erkannt, hatte aber auch
gar nicht mit ihm gerechnet.
Er sprach mich an, bedankte sich, dass ich ihm geantwortet hätte, er
wäre jetzt auf freiem Fuß und er wolle sein Leben nun wieder in den
Griff bekommen...
Vorzeitige Haftentlassung.

Wie ich erfahren habe, hat Herr U. sich wenige Wochen nach unserer
Zufallsbegegnung auf der Straße das Leben genommen.

Ein verpfuschtes Leben und ein tragischer Tod...

Tod durch Strang...

- Abschiedsbrief 1

Wieder ein normaler Wochentag. Ich werde nach Oberstdorf, der höchst gelegenen Marktgemeinde der Bundesrepublik, geschickt.

Eine Leiche, männlich, erhängt, würde auf mich warten. Sie war - wieder einmal - von Wanderern gefunden worden, die auf dem Weg zum Seealpsee oberhalb des Schattenbergs waren. Dieser ist unter anderem durch das in Oberstdorf zur Eröffnung der Vier-Schanzentournee dort stattfindende Skispringen bekannt.

Nahe der Schanze, circa 200 Meter oberhalb des Ortes, ist am Westhang in den Berg ein Hochbehälter, also ein Trinkwasserreservoir, gebaut.

Dieser ist mit einer massiven Metalltüre gegen den Zugang Unbefugter gesichert. Die Türe ist mit einem Profilzylinderschloss und einem feststehenden Türknauf ausgestattet.

Der Wanderweg führt hier unmittelbar vorbei.

Von dort aus erschließt sich dem Auge ein wunderbarer Blick auf den Ort und das gesamte Illertal hinab bis Sonthofen und Immenstadt.

Und dort, eben mit diesem Blick, sitzt, mit dem Rücken an diese Türe angelehnt, dieser Mann.

Neben ihm ein Rucksack schon älteren Bauart. Er ist mit einer Bundhose, Kniestrümpfen, leichten Bergschuhen, kariertem Hemd und einer Windjacke bekleidet.

Doch ist es nun so: Er kann diesen Blick nicht mehr genießen.

Er hat einen Strick um den Hals. Der ist an dem feststehenden Knauf festgezurrt. Ordentliche Schlaufe, da kann man nicht meckern.

Der Mann, dessen Kopf leicht nach rechts hängt, ist tot. Kinder würden »mausetot« sagen.

Die Kollegen der damaligen Grenzpolizeistation Oberstdorf hatten bereits die Personalien der Wanderer aufgenommen: Optimal!

Sonst hatten sie alles gelassen, wie sie es angetroffen hatten: Optimal!
Doch, eines hatten sie gemacht. Sie hatten den Rucksack geöffnet und nach Papieren, also Ausweis und ähnlichem gesucht und waren auch fündig geworden. In dem Fall nochmals: Optimal!

Der Mann war aus Dortmund. Mehr als zwei Dutzend Mal hatte er schon in Oberstdorf Urlaubstage verbracht. Immer hatte er sich in der gleichen Pension, die dadurch schnell ermittelt worden war, eingemietet.
Er, der Preuße, hatte immer von Oberstdorf und den Einheimischen, den Oberallgäuern, geschwärmt, wenn man seiner Pensionswirtin Glauben schenken durfte.
Nun sitzt er da, Blick auf Oberstdorf...
Aber warum, wenn doch Oberstdorf quasi sein Lieblingsort war?
Warum hätte er sonst so oft hier seinen Urlaub verbringen wollen?

Machen wir es kurz:
Im Rucksack war ein Abschiedsbrief. In diesem hatte der Mann geschrieben, er vermute, wegen bestimmter Beschwerden, an einer unheilbaren Krankheit zu leiden. Es sei sein freier Wille und er freue sich, Oberstdorf nochmals sehen zu dürfen...

Die Obduktion ergab keinerlei Anhaltspunkte für eine solche Krankheit.

Die menschliche Psyche ist unergründlich...

Flugzeugabsturz

- Abschiedsbrief 2

Wieder ein ganz normaler Wochentag. Am späten Vormittag startet vom Flugplatz Mannheim ein Kleinflugzeug. Es ist eine Cessna vom Typ 206. Eigentümer ist die dortige Luftsportgruppe.

Der Pilot, ca. 50 Jahre alt, erfahren, und seit vielen Jahren im Verein engagiert.

Der Flug ist angemeldet und genehmigt, die Maschine und der Pilot sind ordnungsgemäß registriert.

Das Ziel: Süden, Richtung Alpen.

Grund: Einfach so halt - Vergnügen - bei diesem Wetter...

Nach Freigabe und Einverständnis durch den Tower rollt die einmotorige Maschine auf die Startbahn. Sie beschleunigt und hebt ohne erkennbare Probleme ab. Der Tower wünscht einen guten Flug!

Etwa eine Stunde später verschwindet die Maschine plötzlich von den Radarschirmen der Flugsicherung:

Letzte Ortung: Oberstaufen im Oberallgäu.

Fast gleichzeitig mit der Feststellung der Flugsicherung geht bei der damaligen Grenzpolizeistation über Notruf die Meldung über einen Flugzeugabsturz an der Nordnordwestflanke im Gipfelbereich des Hochgrats ein.

Luftlinie zwischen Mannheim und Oberstaufen rund 250 km. Flugzeit rund 50 Minuten.

Zwischen Verschwinden vom Radarschirm bis zum Aufprall: Nicht mal eine Minute!

Sofort laufen die üblichen Rettungsmaßnahmen an und bestimmte Behörden müssen verständigt werden:

Feuerwehr - auf dem Land gar nicht so einfach, da ja nur Freiwillige...
- Notarzt, Rettungsdienst, in diesem Fall auch Bergwacht, Bürgermeister, Landratsamt und natürlich die Polizei.
Laut den Anrufern schlug die Maschine circa 200 m unterhalb des Gipfels des 1834 m hohen Berges auf.
Feuer, Rauch, das bekannte Szenario in solch einem Fall.

War nicht das Flugziel: Die Alpen...?

Gut, dass es nach Steibis aus dem Weißachtal eine Kabinenbahn auf den Hochgrat gibt. Die meisten der Hilfskräfte fahren mit dieser hoch.
Eineinhalb Stunden später auch wir vom Erkennungsdienst.
Es brennt nicht mehr, es raucht nur noch ein bisschen...
Notarzt und die Rettungssanitäter rücken unverrichteter Dinge ab.
Für sie gibt es nichts zu tun, da in den Trümmern des zerschellten Flugzeugs nur noch Leichenteile zu finden sind. Größere und kleinere...
Vieles muss mühsam im steilen Gelände eingesammelt werden.
Dann findet die Bergwacht ein Stück Papier: DIN-A4, kariert.
Auf diesem mit Kugelschreiber geschrieben: Ein Abschiedsbrief, in dem der Schreiber seinen Plan, nämlich gegen einen Berg zu fliegen, ankündigt.
Krakelige Schrift. Aber kein Wunder, so ein Kleinflugzeug liegt ja nicht wie ein Brett in der Luft.
Doch wer ist nun dieser Mann, um einen solchen handelte es sich zweifelsohne.
Derjenige, der die Formalitäten am Flugplatz in Mannheim erledigt hatte, oder ist es vielleicht ein ganz anderer?
In den Brandresten fanden sich zwar diverse Papiere, doch eben in dementsprechendem Zustand. Als sicheres Identifizierungsmittel untauglich.
Klarheit konnte nur die Obduktion der sterblichen Überreste bringen.
Und die wurde von Dr. Höhmann am darauffolgenden Tag in Memmingen durchgeführt.

Es ergaben sich keinerlei körperlichen Mängel, soweit diese überhaupt noch feststellbar waren und so wurden zur Identitätsfeststellung Blut- und Gewebeproben sowie die Überreste des noch vorhandenen Gebisses asserviert.

Dr. Höhmann sägte hierzu aus den Resten des zertrümmerten Gesichtsschädels den Oberkiefer mit den dort verbliebenen Zähnen heraus.

Mit diesem und dem auf dem Sektionstisch liegenden Unterkieferteil fahre ich zur Dienststelle zurück und nehme Kontakt mit dem zuständigen Staatsanwalt auf. Er willigt ein, dass ich meinen Hauszahnarzt mit der Erstellung des Zahnstatus dieses Mannes (in Memmingen stand kein Zahnarzt zur Verfügung) beauftrage, alles kostet ja Geld.

So fahre ich mit den Kieferteilen samt den dort noch vorhandenen Zähnen zu meinem Zahnarzt. Natürlich hatte ich vorher angerufen und ihn gefragt, ob der dies überhaupt machen würde.

Dr. Benedikt E. war damit einverstanden und erstellte den Zahnstatus. Dann rief er in meinem Beisein von der Praxis aus seinen Kollegen in Mannheim an, den Hauszahnarzt des Mannes, der die Formalitäten am Flugplatz erledigt hatte und als Pilot galt.

Den Namen des Hauszahnarztes hatte die Polizei in Mannheim von der Ehefrau des zu diesem Zeitpunkt, vorbehaltlich des Ergebnisses der technischen Untersuchung des Flugzeugwracks immer noch als Verunglückten geltenden erfahren.

Ein technischer Defekt konnte natürlich ebenso als Absturzursache in Frage kommen. Doch was sollte dann der Abschiedsbrief?

»Ja sicher, das ist mein Patient, der Herr Soundso!
Die Füllungen, die Wurzelbehandlungen, also eigentlich alles.
Ich bin mir da völlig sicher, ich kenne meine Arbeit, das ist - bzw. war in diesem Fall - mein Patient...«

Die Untersuchung des Wracks ergab keinerlei Mängel.

Fall geklärt! Suizid!

Doch warum - vielleicht die Midlife-Crisis...?
Kein Hinweis, der auf seine Entscheidung deuten ließe...

Noch ein wenig Makabres zum Schluss:
Die Kieferteile landen am Ende bei uns in einem Säurebad. Es geht um die notwendige Entfernung der Überreste des Kieferfleisches.
Die größeren Teile waren von mir bereits mittels Skalpells entfernt worden.
Doch auch der Rest musste, nicht nur wegen des sich bildenden Geruchs, weg...
Beweismittel, die unter Umständen jahrelang in der Asservatenkammer der Staatsanwaltschaft schlummern...

Das verschwundene Paar

- ein Ehedrama

Samstag.

Eine größere dörflich geprägte Ortschaft im Voralpenland. Uralter Dorfkern, wenn auch nur wenige Bauernhöfe, aber eben auch moderne Neubaugebiete.

Alles ganz normal...

Doch dann meldeten Kinder, schon längst erwachsen, ihre beiden Elternteile als vermisst.

Die Mutter hatte sich von ihrem Mann getrennt und lebte nun alleine.

Der Vater, ebenfalls alleine, bewohnte nach wie vor das gemeinsam erbaute Einfamilienhaus.

Doch nun konnten sie weder Mutter noch Vater telefonisch oder anderweitig erreichen. Auch hatten sie schon sämtliche Nachbarn, Freunde und Bekannte der Eltern aufgesucht. Niemand hatte ihnen aber einen Hinweis geben können, wo ihre Eltern eventuell aufzutreiben wären.

Das hatte sie zu dem Verdacht, nein zu der Überzeugung gebracht, dass der Vater die Mutter...

Das Motiv hierzu lag für die Söhne in dem unmittelbar bevorstehenden Scheidungsverfahren der Eltern.

Doch wo waren die beiden?

Zwei Menschen können doch nicht einfach so spurlos verschwinden!

Einer ja, aber gleich zwei?

Wenn das, was die Kinder vermuteten stimmen würde, so gaben sie an, dann würde die Polizei keinen von den beiden je finden.

Der Vater sei ein Perfektionist gewesen.

Nachdem nun die Polizei im Spiel war, wurde diese selbstverständlich auch tätig.

Beide Domizile, das Haus, in dem der Vater gewohnt hatte und die neue Wohnung der Mutter, wurden durchsucht. Keinerlei Spuren und damit auch keinerlei Erkenntnisse.

Das einzig Auffällige war, dass an der Unterseite sowie den unteren Seitenpartien des Pkw des Paares, einem Audi 80, der in der Garage des Einfamilienhauses stand, kurze Grasabschnitte anhafteten. Der Pkw war versperrt - die dazugehörigen Schlüssel im Haus.

Es war Spätherbst und eigentlich wird um diese Zeit im Allgäu nicht mehr gemäht. Doch wie es aussah, war der Pkw über eine wohl frisch gemähte Wiese oder Rasenfläche gefahren.

Aber sonst gab es keinerlei Auffälligkeiten.

Bei den schriftlichen Unterlagen im Haus fand sich eine Rechnung über eine banale Reparatur an dem Pkw. Aussteller war eine kleine Werkstatt hier am Ort. Auf der Rechnung waren natürlich wie üblich Datum und Kilometerstand vermerkt.

Datum:

Der Tag vor dem Verschwinden des Paares. Abweichung des tatsächlichen Kilometerstands rund 80 km zu dem des auf der Rechnung vermerkten.

Was niemandem aufgefallen war - aber wie auch - es fehlte ein Fahrrad. Nämlich das des Vaters, aus dem Dachraum über der Garage und ein... (doch dazu später)!

Bei der kriminaltechnischen Untersuchung des Hauses im Verlauf der darauffolgenden Woche nahmen wir natürlich auch die im Keller befindliche Werkstatt in Augenschein. Auf der dortigen Werkbank - der Vater war ein Bastler und Tüftler - lag ein Stofflappen mit blutverdächtigen Anhaftungen.

Hoffnung keimte auf, dass wir hier vielleicht auf ein Tatwerkzeug und auch weitere Spuren stoßen könnten.

Fehlanzeige!

Zwischenzeitlich waren über die behandelnden Ärzte der beiden Verschwundenen die entsprechenden medizinischen Daten eingeholt worden. Die Untersuchungen ergaben: Blut - ja - aber Blut des Vaters!

Doch es gab nach wie vor keinerlei relevante Spuren. Nicht die geringsten Spuren... Weder im Haus, noch im Pkw, noch sonstwo...
Aber irgendwo müsste doch etwas zu finden sein!

Der Allgäuer (wenigstens die meisten von ihnen - und vor allem jene in einem entsprechenden Alter) - ist sehr bodenständig. Auch ist er (ich will nicht sagen alle), aber in der Regel – wie die meisten Menschen - etwas träge.
Es ist daher mehr als unwahrscheinlich, dass derjenige, ob geplant oder spontan den Partner, den er gerade erst um die Ecke gebracht hat, hunderte von Kilometern herumkarrt, um diesen zu entsorgen...
Alleine die Angst vor Entdeckung würde ihn wahrscheinlich schon daran hindern.
Doch!
Eine Konstellation (Hirngespinst) könnte ich mir vorstellen, in der er oder auch sie es unter Umständen tun würde: Kaltblütiges Kalkül und dadurch Erlangen eines sehr, nein, mehr als sehr hohen finanziellen Gewinns. Um dadurch frei und unabhängig zu sein und ein neues Leben, führen zu können. Ohne den vielleicht verhassten Partner, eventuell mit einem anderen...?
Doch so jemand würde wahrscheinlich oder auf jeden Fall im Rampenlicht der Öffentlichkeit stehen, wenn es um solche Summen ginge, und durch die Regenbogenpresse bekannt sein. Heutzutage noch mehr über das Internet, wäre ein sicherlich hoher Anteil der Bevölkerung über die dort herrschenden Verhältnisse informiert (oder auch nicht!).
Wie könnte so jemand also verschwinden, wenn er doch Nutznießer sein will?
Man verzeihe mir den Ausflug in die glamouröse Filmwelt, die sicherlich auch ein Stück Realität abbildet, aber eben nicht das Geringste mit unserem Paar zu tun hat.

Doch, wo sind nun die beiden?

Wir hatten nichts, aber auch gar nichts in der Hand. Deshalb entschlossen wir uns, Luminol einzusetzen.

Dieses Verfahren ist eine Möglichkeit zum Auffinden latenter, also nicht mit bloßem Augenlicht erkennbarer, Blutspuren.

Dazu klebten wir in tagelanger Arbeit sämtliche Fenster und andere mögliche Lichtquellen zunächst einmal im vom Vater bewohnten Einfamilienhaus mit schwarzen Folien ab. Anschließend machten wir dasselbe in der Wohnung der Ehefrau.

Gemeinsam mit den Spezialisten des Sachgebietes 23 des Landeskriminalamts Bayern gingen wir an die Arbeit.

Separat wurde jeder einzelne Raum bei völliger Dunkelheit mit dem Reagenz aus einer Pumpflasche besprüht. Sobald die Reaktion - eine lilafarbene Fluoreszenz - erfolgte, wurde dieser Punkt eingemessen und in absoluter Dunkelheit fotografiert.

Erst dann wurde das Licht angemacht und es wurde die entsprechende Stelle zur Sicherung einer solchen auf Verdacht latenten Blutspur mit einem sterilen Wattestäbchen abgerieben.

Viele dieser Wattestäbchen kamen zum Einsatz, doch leider war alles vergebliche Liebesmüh' - keinerlei Blutnachweis.

Alle anderen Spuren, die feststellbar waren, konnten vernachlässigt werden.

Das Paar hatte jahrelang zusammen im Haus gelebt. Wer hinterlässt dort - berechtigterweise - keine Spuren?

Doch immer noch die Frage:

Wo sind nun die beiden oder wenigstens einer von ihnen?

Die Monate zogen übers Land - die Auswertung sämtlicher Spuren negativ - doch dann:

Anfang März. Faschingsdienstag! Ausgerechnet!

Ein Münchener verbrachte das Faschingswochenende in einem kleinen Häuschen an einem Stausee, welches einem Freund gehörte. Dieser liegt im Ostallgäu und dient normalerweise als Rückhaltebecken für das Kühlwasser des Kernkraftwerks Gundremmingen.

Jeden Winter wird der See u.a. zu Wartungsarbeiten an der Staumauer fast gänzlich abgelassen.

Der Münchner hatte nachmittags seinen Schäferhund im Waldgebiet um das Wochenendhaus Gassi geführt.

Die Lage des Häuschens am Ufer des Sees (es sollte sich herausstellen, dass es ein Schwarzbau war), im Sommer mit herrlichem Blick nach Süden zu St. Coloman, ist eigentlich genial. Doch im Winter verirrt sich normalerweise kein Mensch dorthin. Aber nun war es doch passiert.

Der Hund sprang den Uferabhang hinab und sein Herrchen erblickte ein rotes Objekt. Dieses irritierte ihn und er folgte seinem Hund nach unten. Nach ca. 10 Metern stutzte er und versuchte sogleich wieder den oberen Uferrand zu erreichen:

Er hatte eine Leiche entdeckt.

Eine zum Großteil verweste und völlig mit Schlamm behaftete Leiche, rotes Kleidungsstück am Oberkörper, Unterkörper teils im Schlamm, mit irgendetwas beschwert.

Die herbeigerufenen Polizeibeamten aus Füssen sperrten den Fundort ab (angemerkt: So flog auch der Schwarzbau auf), die Kripo und damit auch der ED rückten an. Wiederum akribisch erfolgen Dokumentation und gleichzeitig damit einhergehende Spurensicherung. Bei der Leiche, die offensichtlich nicht mehr ganz vollständig war, handelte es sich augenscheinlich um eine Frau. Ihr waren von irgendjemand - selbst dazu in der Lage konnte sie nach menschlichem Ermessen nie gewesen sein - diverse »Schmuckstücke« angehängt worden. Schwere Metallteile und auch sogenannte Rasengittersteine aus Beton - alles mit Draht. Wie hätte sie sich danach auch selbst die Hände fesseln können?

Wer könnte diese Frau sein, die mit offenem Mund, man hätte beinahe ein Lächeln interpretieren können, in halbschräger Rückenlage am untersten Uferrand des Stausees, nun teils im Uferschlamm versunken, lag?

In der Zahnreihe des Oberkiefers rechts fiel mir die Goldfüllung eines Zahnes auf.

Sie erinnerte mich spontan an das Gebissschema unserer Verschwundenen, was ich den Kollegen auch sofort mitteilte:
»Wir haben sie!«
Die Bergung aus dem schlammigen Untergrund, wieder unter den Voraussetzungen, dass an ihr, falls vorhandenkeinerlei Spuren vernichtet wurden, gestaltete sich etwas schwierig. Bergwacht, Seenotrettung und die Alpinrettung der Polizei waren im Einsatz.
Die Autopsie erfolgte tags darauf in den Räumen des Instituts für Rechtsmedizin in München.
Ergebnis: Tod durch fremde Hand mittels Gewalt gegen den Hals. Würgen oder Drosseln.

Der Rest:
Das Beschweren hatte nur ihrer endgültigen Beseitigung gedient und nichts unmittelbar mit dem Tod zu tun. Die Frage war: Wie mag die Frau von ihrer Heimatgemeinde an diese abgelegene Stelle an den See gekommen sein?
Sicherlich nicht mit...
Eigentlich gab es nur eine Erklärung: Mit dem in der Garage stehenden und dem Ehepaar gehörenden Pkw, der die Grasanhaftungen aufgewiesen hatte.
Die Ermittlungen ergaben, dass die Wiese am Rand des Waldes mit dem Schwarzbau ein oder zwei Tage vor dem Verschwinden der Eheleute zum letzten Mal in diesem Herbst gemäht worden war.
Irgendwo muss man ja sein Fahrzeug abstellen, wenn man...
Teil 1 des Falls geklärt.

Ich glaube hier schreiben zu dürfen: Die Kinder konnten sich nun von ihrer Mutter verabschieden und diese beerdigen.

Wenn es einen Teil 1 gibt, dann müsste es auch einen Teil 2...

Monate später.

Die Kripo Kempten als sachbearbeitende Dienststelle der Vermissten-sache musste sich natürlich schlussendlich damit befassen. Doch ich hatte eigentlich nur noch am Rande damit zu tun.

Einem Pärchen widerfährt an einem herrlichen Sonntag im darauffolgenden Sommer ein schreckliches Erlebnis: Jung, verliebt und sportbegeistert, paddelt es gemeinsam in seinem Boot auf dem glatten Wasser der Staustufe 7 des Flusses Lech.

Irgendetwas behindert die Paddel auf der Steuerbordseite des Bootes und dann...

Zuerst meinen sie, dass sie sich mit ihren Paddeln in einem Knäuel Pflanzwerk verfangen hätten. Doch dann müssen sie feststellten, dass sie einen menschlichen Kopf eingefangen hatten. Es war aber nicht nur der Kopf...

Die Polizei barg einen auf dem Fahrrad sitzenden Toten.

Dessen Füße waren mit Draht an den Pedalen festgebunden. Auf seinem Rücken trug er ein Rucksack, der mit einigen Steinen gefüllt war.

Die Obduktion in München - ich war dabei - ergab, dass es sich bei dem Toten um unseren zweiten Verschwundenen handelte und dessen Körper keinerlei Gewalteinwirkung von außen erfahren hatte.

Ebenso, dass der Tod schon vor längerer Zeit eingetreten war. Also kam der Herbst des vergangenen Jahres ohne weiteres in Frage.

Das durch die Sonnenstrahlen aufgewärmte Wasser des Lechs hatte nach dem Winter die Entwicklung der Fäulnisgase im Körper dieser Leiche begünstigt und damit zu deren Auftrieb geführt.

Der Fall in Bezug auf Täter und Opfer war geklärt.

Mord und Selbstmord - oder erweiterter Selbstmord?

Doch wäre es nie zu einer Aufklärung gekommen, hätte der Mann, der seinen Hund Gassi geführt hatte, die Leiche der Frau nicht durch Zufall gefunden.

Mit der Schneeschmelze im Frühjahr wäre der See wieder aufgestaut und im Herbst dann wieder abgelassen worden.

Doch wäre von der Leiche dann noch etwas zu finden gewesen? Durch den natürlichen fortschreitenden Zersetzungsprozess wären die Überreste vermutlich ganz im Schlamm des Grundes des Sees versunken und niemand hätte sie jemals mehr gefunden.

Hätten die Paddler vielleicht nicht diesen Zusammenstoß mit dem »Radler« gehabt, wäre dieser ganz sicher nach Entweichen des Gases an den Grund gesunken und auch ihn hätte man nie gefunden.

Er war halt doch ein Perfektionist!

Als einzige Indizien wären das ihm gehörende Fahrrad und sein Rucksack und der aus seiner Werkstatt stammende Draht geblieben...

Der unerklärliche Duft

- nicht aus der großen weiten Welt...

Lindau, die Stadt im Bodensee.
Doch diesmal geht es ums Festland, genauer um einen Stadtteil von Lindau in Richtung Bad Schachen, noch genauer um eine Wohnung im ersten Obergeschoss eines mehrgeschossigen Wohn- und Geschäftshauses.
Bewohner des Anwesens hatten die Polizei verständigt:
Man habe die Frau - nennen wir sie dieses Mal Müller - schon seit nun gut zwei Wochen nicht mehr gesehen. Aber auch Herr Müller, den man eigentlich fast täglich getroffen habe, ließe sich nicht mehr blicken und fehle nun auch schon drei Tage.
Er, Herr Müller, hatte den Nachbarn, wenn sie ihn gefragt haben, wo denn seine Frau wäre, immer geantwortet:
»Ach, die gönnt sich einen kleinen Urlaub alleine und ist für zehn Tage mit dem Bus nach Italien gefahren.«
Irgendetwas könne da nicht stimmen!

Nun rückt also die Polizei an. Die Beamten klingeln an der Wohnungstüre der Müllers. Niemand öffnet. Im Briefkasten der Türanlage zum Treppenhaus befindet sich augenscheinlich nur wenig Reklame.
Da die Wohnung der Müllers nach Süden hin einen Balkon bzw. eine Loggia aufweist, beschließen die Beamten von dort aus in die Wohnung zu schauen.
Vielleicht könnte man ja auch durch die Balkontüre?
Sie organisieren im Nachbarhaus eine Leiter und einer der Beamten unternimmt den Aufstieg. Doch die Türe ist zu und die Vorhänge vor dieser und dem Fenster sind fast ganz zugezogen. Man kann also eigentlich nichts erkennen.
Das Einzige: Eine Art Ohrensessel mit der Lehne zum Fenster stehend.

Sie beschließen, die Wohnung öffnen zu lassen. Dazu wird die Feuerwehr verständigt. Die rückt an und in Nullkommanichts steht die Wohnungstüre offen. Gelernt ist halt gelernt.

Die Polizisten versuchen mit »*Hallo, ist da jemand?*« auf sich aufmerksam zu machen. Doch keinerlei Reaktion.

Es brennt nirgendwo Licht. Die Türen zu allen Räumen stehen offen.

Den Beamten schlägt auffallender Geruch entgegen. Nicht einmal wirklich unangenehm und penetrant, aber eben doch auffällig.

Und als sie ins Wohnzimmer kommen, wissen sie woher dieser Geruch rührt.

Auf dem Ohrensessel, die Beine auf einem davorstehenden gepolsterten Schemel aufgelegt, sitzt, beziehungsweise liegt eine Person, offensichtlich bekleidet und ab der Brust nach unten hin zugedeckt.

Dieser Mensch ist tot.

Der Frisur nach ist es eine Frau. Bei der weiteren Nachschau finden die Beamten Blut. Blut im Schlafzimmer. Und hier liegt ein Mann.

Ebenfalls bekleidet. Er liegt bäuchlings mit dem Gesicht nach unten zwischen Ehebett und westlicher Fensterwand.

Sie verlassen die Wohnung. Einer bleibt an der aufgebrochenen Türe stehen. Der andere geht zum Streifenwagen und verständigt von dort aus über Funk seine Dienststelle und die Einsatzzentrale in Kempten über ihren Fund.

Die Kripo müsse her, und ein Arzt später zur Leichenschau, der Notarzt werde nicht mehr benötigt.

Ich werde nach Lindau geschickt und die Kollegen der Kriminalpolizeistation Lindau treten auf den Plan.

Meine Aufgabe wiederum: Der Tatort. Dokumentation - Beschreibung - Fotografieren.

Eigentlich ist alles ganz normal in dieser Wohnung. Keinerlei Anzeichen von aufgebrochenen Türen, keinerlei Hinweise auf ein Durchsuchen von Schränken, Schubladen oder sonst etwas, keinerlei Unordnung.

Also stürzen sich ein Lindauer Kollege und ich uns auf die Leichen. Wir nehmen die interessantere zuerst. Es ist natürlich die im Lehnstuhl.

Weil das Schloss der Wohnungstüre beim Aufbrechen der Türe versperrt war und innen der Schlüssel, daran ein Schlüsselbund hängend, gesteckt hatte, gehen wir einfach mal davon aus, dass die Frau, die hier liegt, Frau Müller ist.

Wir ziehen die Vorhänge auf, um besser sehen zu können. Und was sehen wir? Die gute Frau muss schon länger hier liegen.

Arme und Hände die sich, mehr oder weniger gefaltet am Unterbauch, auf der sie sonst bedeckenden Decke befinden, erinnern an eine Aufbahrung. In den Händen: Ein Kreuz.

Kein Blut. Weder an den Händen noch am Kopf.

Aber bereits ein deutlicher Beginn der Mumifizierung an den Fingern und auch im Gesicht (Ohren, Nase, Lippen). Keine Verletzungszeichen.

Als ich aber den Schädel, d.h. das knöcherne Schädeldach abtaste, gibt es ein knirschendes Geräusch und man kann einzelne Knochenpartikel unter der Kopfschwarte ertasten.

Was kann dies schon bedeuten? Die Kalotte, der obere Bereich des Schädeldaches, war nicht mehr intakt!

Aber was hat es mit diesem komischen Geruch auf sich? Es ist nicht der typische Leichen- und damit Verwesungsgeruch - zumindest nicht dessen Hauptkomponente.

Wir betten die Frau um auf den Teppich, auf den wir zunächst eine Leichenfolie gelegt hatten. Dann entkleiden wir sie. Die Dame leistet keinen Widerstand, denn die Leichenstarre hatte sich schon längst gelöst.

Es gibt an diesem Körper keine Verletzungen.

Doch als wir uns den Schädel genauer anschauen, gibt es doch welche. Und es gibt sogar Blut.

Solches zeigt sich angetrocknet an der Kopfschwarte im linken Hinterkopfbereich, doch irgendwoher musste dieses ja gekommen sein.

Und bei noch genauerer Untersuchung durch abschnittsweises Auseinanderlegen der Haare mit den Fingern kommen wir auch auf den Grund der Ursache: Mehrere Aufplatzungen der Kopfschwarte.

Da hatte jemand kräftig nachgeholfen. Mit der Faust geht so etwas nicht, außer man hält in ihr einen Gegenstand. Und einen solchen galt es nun zu finden. Helfen wird uns hierbei die jeweilige Form der Aufplatzungen.

Diese sind rechtwinklig. So etwa wie ein Dreieck ohne Basis. Es könnte die flache Hauptschlagfläche eines Hammers, die sogenannte Bahn sein. Deren Gegenseite, die Finne, erzielt beim Zuschlagen nur eine Linie, keinen Winkel.

Auf die Schnelle ist in der Wohnung kein Hammer aufzutreiben. Jeder Wohnung ist aber im Keller ein Abteil zugeteilt.

Nun widmen wir uns aber dem offensichtlichen Herrn Gemahl der Toten. Eines steht fest, die Frau ist nicht heute, nicht gestern und auch nicht vorgestern zu Tode gekommen.

Zehn Tage oder auch mehr sind da schon eher mehr als schlüssig.

Doch hatte Herr Müller seinen Nachbarn nicht erzählt, dass sich seine Frau auf einer Busreise in Italien befände?

Herr Müller, auch davon gehen wir zu diesem Zeitpunkt aus, ist vollständig bekleidet. Hose mit Gürtel, Hemd, Socken, Hausschuhe.

Herr Müller liegt also bäuchlings auf dem Boden. Blut in Tropfenform und auch geringflächig zeigt sich im Bereich um seinen Kopf. Wesentlich großflächiger und massiver sind die Spuren, in denen die seitlich des Kopfes über die Schultern gestreckten Arme im Handgelenksbereich aufliegen. An seinen Händen sind keinerlei Anzeichen von Mumifizierung zu erkennen. Aber es ist noch eine geringe Leichenstarre fühlbar, die sich aber leicht brechen lässt und somit gelöst bleibt.

Auch ihn legen wir auf eine ausgelegte Leichenplane. Rücklings.

Als wir ihn anheben, finden wir ein handelsübliches Teppichmesser mit hervorstehender Klinge im Bereich unter seiner rechten Schulter.

Erklärung des Blutes: Der Mann hatte sich rechts wie links im Bereich der Handgelenke innen durch kräftige Schnitte die Pulsadern, ja sogar diverse dortige Sehnen durchgeschnitten.

Keinerlei sonstige Verletzungen, die wir hätten nach der Abnahme seiner Kleidung feststellen können.

Ohne dem Ergebnis der sicherlich bevorstehenden Obduktionen beider Leichen zuvorkommen zu wollen, gibt es für uns ein einfaches Ergebnis: Warum in die Ferne schweifen, wenn das Gute liegt so nah!

Mann erschlägt Frau mit Hammer - warum auch immer?

Er bahrt sie quasi auf - ebenfalls fragen wir uns, weshalb? Vielleicht der Pietät halber?

Dann bringt er sich nach gut über einer Woche selbst um.

Hierfür gibt es eine schnelle Erklärung:

Seine Gespräche mit den Nachbarn, die Frau ... in Italien ... Busreise - 10-Tageausflug mit einer Freundin ...

Wie hätte er je aus dieser Nummer herauskommen wollen?

Die Kollegen in Lindau verständigen selbstverständlich unverzüglich die zuständige Staatsanwaltschaft, doch der zuständige Mann dort hegt Zweifel:

Die Tat könnte doch auch von einem bisher unbekannten Dritten begangen worden sein.

Dieser hat, wie auch immer er in die Wohnung gekommen sei, die Frau umgebracht.

Der Mann, völlig verzweifelt, als er nach Hause gekommen war und seine tote Frau finden musste, hat diese dann aufgebahrt.

Aus lauter Gram, neben seiner toten Frau ausharrend, könnte er sich doch dann das Leben genommen haben.

Der Staatsanwalt ließ die Obduktionen durch den Ermittlungsrichter anordnen.

Am nächsten Tag wurden ein weiterer Kollege vom Erkennungsdienst und ich wieder in der Tatwohnung tätig. Erfolglos.

Keinerlei Hinweise auf irgendeinen Dritten.

Nachdem wir in der Wohnung fertig sind, kümmern wir uns nun um den Keller. Den Schlüssel hierzu hatten wir am Schlüsselbund von der Wohnungstüre gefunden.

Namensschilder sind an den Kellerabteilen keine angebracht und einen Schlüssel hierzu braucht man auch!

Dort gab es eigentlich keinerlei Auffälligkeiten.

Doch stießen wir auf ein Stück Stoff, einen Lappen, in dem etwas eingewickelt war. An diesem waren aber Flecken erkennbar, die an Blut erinnerten. Alles fotografiert usw., lösen wir die Wickelung Schicht für Schicht und was kommt zum Vorschein?

Ein Hammer!

Wie kommt der Hammer, den ein fremder böser Mensch bei sich hat, um den Schädel der Frau Müller eingeschlagen, in den Keller der Familie Müller, der nicht gekennzeichnet ist und zu dem er auch keinen Schlüssel hat?

Hatte Herr Müller einen Dritten beauftragt, seine Gattin zu erschlagen? Würde er, um diesen Dritten zu schützen, das Tatwerkzeug in einen Lappen eingewickelt in seinem Keller ablegen?

Denn es ist offensichtlich das Tatwerkzeug. Am Hammerstiel und auch an der Schlagfläche befindet sich eindeutig Blut?

Es bedurfte einiger Überzeugungskunst, dass der Herr Staatsanwalt von seiner Theorie abwich.

Was hätte diese auch erbracht?

Es gab keinerlei Spuren, nicht einmal das geringste Indiz, das auf einen Dritten gedeutet hätte. Wie hätte man einen solchen der Tat überführen sollen?

Ich will den Herrn Staatsanwalt, auch schon lange im Ruhestand, bei Leibe nicht beleidigen, doch wie schrieb einst Ludwig Thoma, selbst Jurist, scherzhaft in seinen Filserbriefen? »*Er war Jurist und auch sonst von mäßigem Verstand.*«

Juristen denken manchmal - vielleicht müssen sie das auch - anders...

Zur Ehrenrettung: Ich kenne auch andere...

Es klärte sich alles, denn die Obduktionen, es waren eindeutig Frau und Herr Müller, ergaben neben der Spurenlage ganz klar, dass, ...

Und auch durch die weiteren in solchen Fällen durchgeführten Ermittlungen tat es sich plötzlich auf:
Die Ehe war halt doch nicht so diese, wie sie von vielen gehalten worden war...
Zum Schluss der Geschichte: Es gab natürlich eine Erklärung zu dem unerklärbaren Duft, welcher der Streifenbesatzung und auch uns entgegenkam.
Herr Müller hatte offenbar, um den doch aufkeimenden Gestank zu minimieren, sämtliche Parfumfläschchen seiner Gattin auf und um sie herum verschüttet, versprüht...

Gefunden haben wir kein einziges in der Wohnung. Er hatte sie verschwinden lassen. Genügend Zeit bis zu seiner Entscheidung, sich selbst das Leben zu nehmen, hatte er ja...
Und auch das Abonnement der Tageszeitung war in diesen Tagen gekündigt worden.
Von wem: Von Herrn Müller!

Übrigens: Die Fingerspur am Hammerstiel stammte von wem?
Das nachgewiesene Blut an der Schlagfläche des Hammers stammte von wem?

Wahrlich: Auch ein Ehedrama...

Warum nicht mal asiatisch?

- das Chinabeil

Füssen, das wunderschöne Grenzstädtchen zu unserem Nachbarland Tirol mit uralten heimischen Gaststätten. Bei zigtausenden Tagestouristen und Urlaubern beliebt. Auch an dieser Stadt ist die Globalisierung nicht vorübergegangen. Auch hier gibt es asiatische, italienische und sonstige Gaststätten aus aller Welt.

In einem zentral gelegenen chinesischen Lokal in der Nähe der dortigen Kaserne war es an einem schon fortgeschrittenen Abend zu folgendem Vorfall gekommen:

Der Wirt und sein Koch halten sich in der Küche auf. Beide treffen Vorbereitungen für den nächsten Tag.

Im Gastraum selbst sitzen nur noch zwei Damen und schlürfen nach dem Essen bei einem Schwätzchen genüsslich die Reste ihrer Getränke.

Außer der üblichen musikalischen Dauerberieselung durch sich asiatisches anhörendes Gedudel herrscht in dem im ersten Stock gelegenen Lokal eigentlich schon fast Nachtruhe.

Diese wird jedoch jäh unterbrochen:

Aus der Küche stürzt, blutüberströmt und schreiend, die Hände schützend über den Kopf haltend, ein Mann. Es ist der Wirt.

Er rennt in Richtung Ausgang und Treppenhaus.

Hinter ihm her ein weiterer Mann. Es ist der Koch. Auch er hat Blut an der Kleidung und stößt laute Schreie in chinesischer Sprache aus.

Dabei schwingt er drohend ein Beil. Es ist ein chinesisches Küchenbeil. Er versucht den Flüchtenden einzuholen.

Die beiden Frauen, zu Tode erschrocken, retten sich auf die Damentoilette. Dort sperren sie sich ein.

Was niemand wissen konnte: Dies wäre nicht nötig gewesen, denn die beiden Männer waren schon verschwunden.

Der Wirt, blutüberströmt, flüchtete vor seinem Peiniger in Richtung Altstadt.

Dort, am Beginn der Fußgängerzone, hatte ihn sein Verfolger aber eingeholt.

Ungehemmt schlägt er mit seinem Beil, dem im asiatischen Raum üblichen Küchenutensil, auf den nun schon am Boden liegenden ein.

Dieser brüllt vor Schmerzen, was den Anwohnern nicht verborgen bleibt.

Einige von ihnen verständigen die Polizei. Einer, der die Szene auch vom Fenster aus beobachtet, ruft hinunter:

»*Ja, hersch du it glei auf, du machsch den ja hi!*«

Als die Streife der Polizei eintrifft, flüchtet der Angreifer zurück in Richtung Kaserne.

Einer der Beamten nimmt seine Verfolgung auf. Der andere kümmert sich um den Verletzten und dann treffen auch schon Notarzt und weiteres Rettungspersonal ein.

Am Parkplatz Morisse holt der Polizist den Flüchtigen ein:

»Halt, Polizei, stehen bleiben oder ich schieße!«

Doch was macht dieser? Er stellt sich und geht nun, immer noch sein Beil schwingend, auf den Beamten los.

Bereits seine Dienstwaffe gezogen, droht dieser dem Angreifer nochmals: »*Halt! Stehenbleiben, oder ich schieße! Ich schieße!*«

Im selben Moment hält ein Pkw, der aus Richtung Stadtmitte kommt. Der Fahrer, ein jugoslawischer Mitbürger, erschreckt durch die vielen zwischenzeitlich zuckenden Blaulichter, erkennt die Situation, springt aus seinem Fahrzeug, und eilt dem Polizisten zu Hilfe, da der Mann mit dem Beil weiter auf diesen zu stürmt.

In dem Moment fällt ein Schuss aus kurzer Distanz.

Er trifft den beilschwingenden Chinesen, wie sich später herausstellt, im Bereich der linken Hüfte.

Dieser stutzt zunächst nur etwas, lässt aber das Beil fallen. Dieses Überraschungsmoment nutzen der Polizist und sein Helfer.

Es gelingt ihnen den Angreifer zu Boden zu ringen, ihn auf den Bauch zu drehen und in dieser Lage zu fixieren. Dadurch kann der Beamte ihm den »Achter«, also die Handschellen, anlegen.

In der Folge wird dann auch der Chinese mit dem Beil medizinisch versorgt. Er kommt ins Krankenhaus, wird dort operiert und unter polizeiliche Überwachung gestellt.

Ursprung und Ausgang der Geschichte:

Wirt und Koch sind Onkel und Neffe. Beide führen ihr Restaurant schon längere Zeit. Eigentlich hatte es nie Ärger gegeben.

Doch, was hat dies alles mit mir zu tun?

Ich bin derjenige, der in der Küche die dem Wirt durch einen Schlag in den Nacken abgetrennten Haare einsammeln und die dort und auf dem Fluchtweg vorhandenen Blutspuren durchs Restaurant über die Kemptener Straße sichern durfte. Diese reichten bis zum Beginn der Ritterstraße, wo der Koch seinen Onkel eingeholt hatte. Wichtig waren auch die Lage des Beils und die der aus der Dienstpistole ausgeworfenen Patronenhülse.

Der schwerstverletzte Wirt wurde nach seiner Erstversorgung im Krankenhaus Füssen noch in der Nacht in ein Klinikum in München geflogen. Er überlebte. Ein Wunder, wenn man die Fotos der Münchner Kollegen von seinen Verletzungen gesehen hat.

Bei dem einige Monate später folgenden Prozess vor dem Landgericht Kempten wird der Neffe wegen erwiesener Schuldunfähigkeit freigesprochen und in eine geschlossene psychiatrische Klinik eingewiesen.

Böse Geister hatten ihm befohlen, seinen Onkel vom Leben zum Tod zu befördern.

Beinahe hätte er es ja geschafft!

Die hartnäckige Tochter

- späte Aufklärung

Silvester.

Die Polizeiinspektion in Lindenberg erhält kurz vor Mitternacht einen Anruf aus Freiburg. Sie, die Anruferin könne ihre 78jährige Mutter, alleinstehend und etwas gehbehindert, nicht erreichen. Schon mehrmals habe sie es telefonisch versucht.

Eine Streife der Lindenberger Polizei machte sich daher auf den Weg zur Wohnung der alten Dame.

Diese bewohnte in der vierten Etage des fünfgeschossigen Hauses eine geräumige 4-Zimmerwohnung - mitten in der Stadt. Im Erdgeschoss mehrere Ladengeschäfte.

Der Hausmeister fuhr mit den Beamten im Aufzug nach oben und öffnete ihnen die nicht versperrte Wohnungstüre.

Im kleinen Flur nach der Türe: Bäuchlings eine alte Dame.

Um den Kopf liegen, wie ein Diadem, farblose Glasscherben. Scherben des, wie sich später herausstellt, unteren Teils einer 0,7 Liter Mineralwasserflasche. Der Flaschenhals mit aufgeschraubtem Verschluss steckt kopfüber in einem sogenannten Tragerl für sechs Flaschen, Bier-, Wein-, Wasser- oder sonstige.

Dieses steht in der Nordwestecke des schmalen Flurs. Von dort aus betritt man nach Westen ein sich nach Süden hinziehendes Wohnzimmer.

Die Person liegt längsgestreckt auf dem Bauch. Die Beine weisen in Richtung Wohnzimmer.

Rechts von ihr, also südlich, steht an der Wand eine Kommode. Auf dieser steht ein Telefon mit Wählscheibe. Der an der Kommode an der nördlichen Schmalseite angebrachte Sitz ist heruntergeklappt.

In der Korona von feinen Scherben zeigen sich auf dem Teppichboden Blutspuren und auch das graue Kopfhaar der alten Dame ist im Bereich des linken Hinterhaupts blutig.

Die Beamten wittern ein Verbrechen, denn die alte Dame ist offensichtlich nicht mehr am Leben. Sie verständigen Dienststelle und Einsatzzentrale.
Es kommt, wie es kommen muss:
Zunächst wird der Notarzt bemüht, der aber nur den Tod der alten Dame feststellen kann. Dann der KBvD. Dieser, zuständig ist Lindau, trifft gegen 03:00 Uhr am Tatort ein.
Die Anruferin aus Freiburg hatte berichtet, dass ihre Mutter altersbedingt gehbehindert sei. Sie benutze einen Stock. Sie, Kriegerwitwe eines Oberstabsfeldarztes, sei immer mehr als etepetete gewesen. Fremde, außer ihr bekannte Personen, habe sie niemals in die Wohnung gelassen.
Der Kriminalbeamte kam zu folgendem Schluss:
Die Türe wies keinerlei Spuren eines gewaltsamen Eindringens auf.
Daher könnte es sein, dass die alte Dame, auch den Angaben der Tochter zufolge, alters- oder krankheitsbedingt im Flur gefallen war.
Es könnte sein, dass sie die leere Mineralwasserflasche in das Tragerl stellen wollte. Dabei könnte die Flasche bei dem Sturz zu Bruch gegangen sein. Deshalb die Scherben und das Blut...
Könnte, könnte, könnte...
Der Kollege machte seine Notizen, fotografierte alles - die Wohnung wurde offensichtlich nicht durchsucht - und fuhr dann wieder heim.
Schließlich war es ja nun Neujahr und ab dem zweiten Januar hatte er Urlaub...
Der Bestatter brachte den Leichnam ins Leichenhaus des Friedhofes der Stadt Lindenberg und der Kollege übergab seinem diensthabenden Nachfolger am Morgen des Neujahres die von ihm gefertigten Fotos.
Damals waren dies noch die analogen Kleinbildfilm-Patronen. Diese mussten mit der Dienstpost an das Farbfotolabor des damaligen Polizeipräsidiums Augsburg geschickt werden. Zeitdauer der Entwicklung und

des Rückversands der entwickelten Fotos an die einsendende Dienststelle: rund 14 Tage!

Niemand außer den beiden Beamten der PI Lindenberg und dem KBvD aus Lindau konnte sich daher momentan visuell ein Bild von der Tatortsituation machen.

Es hing alles von deren getroffenen Feststellungen, die der Kriminaler mündlich an den Nachfolger als KBvD am folgenden Tag zur Kenntnis brachte, ab.

Eine Obduktion wäre aus seiner Sicht doch angebracht und sollte durchgeführt werden.

An dieser hatte nun ein dritter Kollege, dem das Geschehen wiederum vom zweiten mündlich überliefert wurde, teilgenommen.

Deren Ergebnis:

Kein Tod aus innerer natürlicher Ursache - gewaltsamer Tod, aber nicht durch fremde Hand, sondern unfallbedingt - vermutlich durch Sturz, aus welchem Grund auch immer und damit Fallen mit dem rechten Unterkiefer auf den beschriebenen Klappsitz und einer dadurch entstandenen Prellmarke erklärlich.

Die Ursache der blutigen Verletzungen im Bereich des linken Hinterhauptes können mit dem Zerbersten einer Flasche bei Sturz in Einklang gebracht werden.

Und so kam die alte Dame im wahrsten Sinne des Wortes unter die Erde. Friedhof Lindenberg - Erdbestattung.

Die Tochter, die nun als Hinterbliebene die Aufgabe hatte, die Wohnung aufzulösen, war im Besitz eines Schlüssels.

In dieser war von Seiten der Polizei nichts, bis auf das Verbringen der Toten zum Friedhof durch den Bestatter, verändert worden.

Versperrt durch den Hausmeister und damit Ende.

Als die Tochter dann aber in der Wohnung war, fielen ihr sofort verschiedene Dinge auf:

- auf der Küchenzeile: Eine Bierflasche - leer - kein Glas.
- Kaffeetassenunterteller mit mehreren ausgedrückten
  Zigarettenkippen.
- außerdem würden die Geldbörse mit Scheckkarte,
- die Schlüssel ihrer Mutter und
- ein von ihr immer getragener Ring fehlen.

Ihre Feststellungen und die daraus resultierende Meinung, dass irgendetwas mit dem Tod ihrer Mutter nicht stimmen könne, meldete sie unmittelbar dem Sachbearbeiter der Kripo in Lindau.
Dort war ihr aber nicht geholfen worden, sondern man sagte ihr, sie solle nicht so viele Kriminalfilme im Fernsehen oder im Kino ansehen.
Die Mutter sei doch obduziert worden. Diese, also die Obduktion, hätte einen wahrscheinlichen Unfalltod ergeben. Und die Aufnahme des Tatortes habe keinerlei Hinweise auf irgendwelche Dritte ergeben.
Doch die Frau war hartnäckig und bohrte weiter.
Um sie zu beruhigen, wurde sie mit der Verständigung des Erkennungsdienstes, dem ED der KPI Kempten - der ja bisher nicht mit dem Fall betraut war und daher absolut neutral auftreten werde - vertröstet.
Neutral stimmt absolut, denn wir wussten bis zu diesem Zeitpunkt nicht einmal etwas von dieser Sache.

Und so kam es zu unserem Auftritt. Helmut Weißenbach und ich fuhren nun nach Lindenberg und nahmen uns die Wohnung vor.
Zustand, wie von der Tochter beschrieben:
Keinerlei Veränderung (zwischenzeitlich gab es Fotoabzüge) der Glasscherben im Flur und keinerlei Anstrengungen, das wenige Blut aufzuputzen.
Weil die Tochter keine Ruhe gab, wurde eine Exhumierung in Erwägung gezogen. Die Staatsanwaltschaft stimmte einer solchen zu und beantragte diese beim Ermittlungsrichter.
Sie wird von ihm angeordnet und so komme ich zu meiner ersten Exhumierung.
Eigentlich wollte ich darüber erst in der nächsten Geschichte...

Exhumierung?
Ja, stimmt, denn es war eine Enterdigung - aber die Frau war doch erst vor wenigen Tagen beerdigt worden und deshalb kam mir das Ganze gar nicht so vor.

Telefonisch verabreden wir, Weißenbach und ich, uns mit Dr. Höhmann, der die Obduktion der alten Dame durchgeführt hatte, dass wir uns am Tatort, das heißt, an deren Wohnung treffen würden.
Gemeinsam besichtigen wir dann diese. Es waren immer noch keinerlei Veränderungen vorgenommen worden.
Dr. Höhmann begutachtet das ihm bei der Obduktion präsentierte Corpus Delicti, beziehungsweise. was ihm von dem erzählt worden war: Den Klappsitz.
Anschließend fuhren wir gemeinsam zum Friedhof:
Der Bereich des neuen Grabes - die Beerdigung ist noch keine vierzehn Tage her - ist abgesperrt. Das Erdreich kann noch nicht fest und verdichtet sein und somit ist der Sarg schnell gehoben.
In der Leichenhalle, wo es keinen Zutritt für Unbefugte gibt, wird dieser von uns geöffnet.
Die Leiche ist absolut frisch, wie gerade erst bestattet.
Was fällt als erstes auf?
An ihrem linken Ringfinger steckt ein Ring. Ein solcher, der exakt der Beschreibung des von der Tochter angemahnten fehlenden Ringes entspricht...
Im Obduktionsprotokoll ist aber kein Ring erwähnt.
Lapsus... Doch welcher Mensch ist unfehlbar...?
Doch der Ring hat primär ja nichts mit der Todesursache zu tun. Daher nun zum Wesentlichen.
Gut zehn Tage unter der Erde zeigt sich für Höhmann ein anderes Bild: Bei der Obduktion als Prellmarke beschrieben, stellt sich diese Hautläsion nun eher als Fersenabdruck einer Schuhsohle dar.
Kein Ritterschlag für die Kollegen, auch nicht für uns...
Aber wir hatten die Leiche ja nicht gesehen.

Und dann änderte sich auf einen Schlag alles:

Die Geldbörse war gefunden worden, und zwar in einem Straßengraben bei Scheidegg, rund vier Kilometer von Lindenberg entfernt.

Was nicht in der Geldbörse war: Die Scheckkarte!

Der Urlaub des Kollegen war vorbei:

Die leere Bierflasche und kein Glas? Nein, nein, natürlich habe er dort kein Bier getrunken!

Die Zigarettenkippen im Unterteller einer Kaffeetasse?

Ja, er habe geraucht!

Und dann gab es Zeugen. Zeugen dafür, dass am Vormittag des ersten Januars in Lindau zwei junge Männer an einem Geldautomaten waren.

Eine Bauersfrau und der noch nicht ganz 18jährige Sohn hatten brav in ihrem Auto gewartet, bis diese zwei vom Geldautomaten weggingen, sich in ihr Auto setzten und wegfuhren.

Sohn zur Mutter:

»*Mama, wenn ich jetzt meinen Führerschein habe - genau einen solchen Karren will ich mir dann kaufen!*«

Der Karren: Ein silberfarbener BMW der 3er Serie.

Folge:

Pech für zwei junge Männer, denn einer der beiden war der Sohn der Zugehfrau der Getöteten.

Pech deshalb, denn er fuhr genau einen solchen BMW.

Und so rückten er und einer seiner Freunde in den Fokus der Lindauer Kollegen.

Festnahme. Sicherstellung des Pkw.

Erlass eines Untersuchungshaftbefehls durch den Ermittlungsrichter in Kempten. Gegen beide...

Nun treten wir, Helmut Weißenbach und ich, wieder auf den Plan. Das Auseinandernehmen des BMW war für uns beide nun angesagt.

Ergebnis:

Gleich null! Nichts. Nichts aber auch gar nichts, was die beiden hätte belasten können!
Folge nach zwei Wochen U-Haft: Aufhebung der Haftbefehle - Freilassung!

Nicht ganz ein Jahr später: Drei junge Männer werden festgenommen.
Am Nachmittag hatte es den Versuch gegeben, ein älteres Ehepaar, das sich für zwei Wochen in einer kleinen Ferienwohnungssiedlung eingemietet hatte, zu überfallen.
Der Überfall ging schief und die drei Täter flüchteten, was aber auch nicht klappte. Sie landeten in Polizeigewahrsam.
Sie wurden, wieder von Kollegen aus Lindau wie es so schön heißt, getrennt voneinander vernommen.
Der Älteste, Anfang 23, der zweite knapp über 19, der Jüngste gerade einmal 16 Jahre alt.
Der Älteste sagte gar nichts (sein gutes Recht).
Der zweite nur wenig (dumm für ihn, denn wenn schon...).
Aber der Jüngste meinte auf die Frage, ob denn dies hier nun das erste Ding sei, das sie gemeinsam hätten drehen wollen:
»Nein, da war schon mal was mit einer Scheckkarte.«
Und schon klingelten die Alarmglocken:
Der Knabe gab an, dass sie an Silvester des Vorjahres eine alte Frau am Geldautomaten der Sparkasse beobachtet hätten. In der Annahme, dass diese ihre Rente abgehoben hätte, wäre ihnen die Idee gekommen, sie um diese zu erleichtern. Die Frau sei gehbehindert gewesen und wäre am Stock gegangen. Sie sei ganz in der Nähe der Sparkasse in ein großes Haus gegangen.
Die drei hinterher, doch die Frau hätte den Aufzug benutzt und deshalb seien sie zu Fuß über das Treppenhaus hinauf.
Im vierten Stock sei die Frau ausgestiegen und wie sie aufgesperrt habe, wären alle schon hinter ihr in die Wohnung...
Die Frau habe sich sofort gewehrt und sein Kumpel, also der Ältere, habe die Frau geschupft. Aus purer Neugierde hätte er sich schnell in allen Räu-

men der Wohnung umgeschaut. Die zwei hätten aber dann gesagt, dass er verschwinden solle. Man würde sich am Auto treffen. Mehr wisse er nicht...

Nun, wenn er doch in dieser Wohnung gewesen sein wollte, könne er doch eine Zeichnung von der Lage der einzelnen Räume anfertigen, oder? Ja, selbstverständlich!

Erstaunlich. Sie stimmte größtenteils mit der von uns gefertigten Grundrissskizze überein... Nur möglich, wenn man wirklich dort war...

Urteil: Höchststrafen für die beiden Älteren!

Mehrere Wochen Jugendarrest und Ableistung von Sozialstunden für den jüngsten, den Kronzeugen.

Späte Aufklärung und damit Genugtuung für die Tochter der getöteten alten Dame, die keinen medialen Wirbel verursachte...

Aber wahrlich kein Ruhmesblatt...

Exhumierung

- der Einzelfall

1990er Jahre.
November.
Ein 84 Jahre alter Mann verstirbt. Er stirbt zu Hause. Er war krank.
Schwere Diabetes und diverses anderes.
Er ist alleinstehend, was nicht heißt, dass er keine Angehörigen hat.
Er wird von einer Dame, die einen privaten Pflegedienst betreibt - sie ist Chefin und gleichzeitig einzige Angestellte - alles hoch offiziell - gepflegt.
Mehrmals am Tag besucht sie den Senior in seiner Wohnung, zu der sie auch einen Schlüssel besitzt.
Er wird von ihr gewaschen und angekleidet. Sie verabreicht ihm Essen, Trinken und seine Medikamente - vor allem die dringend notwendige Insulinspritze.
Eigentlich alles ganz normal.
Nun ist dieser Mann verstorben.
Seine Pflegerin findet ihn am Mittag. In der Frühe war sie noch bei ihm gewesen.
Der Hausarzt, der verständigt worden war, attestiert einen natürlichen Tod - er war doch so krank - und so wird der Mann nach drei Tagen erdbestattet.
Auch eigentlich alles ganz normal.
Doch der Mann hatte beim, bzw. vor dem Notar ein Testament gemacht.
Und dieses hatte er in der vergangenen Zeit offensichtlich - immer notariell beglaubigt - mehrfach geändert.
Er besaß zwei Eigentumswohnungen und auch sein Bankkonto wies ein respektables Guthaben auf.
Im Februar des Folgejahres kommt es zur Testamentseröffnung beim Nachlassgericht.

Wiederum alles ganz normal.

Doch jetzt kommt es:
Die Eigentumswohnungen gehen an die richtigen (familiären) Hinterbliebenen, 1.000.000 - eine Million - (damals) DM erbt die Pflegerin.
Die Hinterbliebenen sind entsetzt! Auch wenn dies hundertmal so im Testament stünde, könne es nicht stimmen. Der Opa wäre zum Zeitpunkt der letzten Testamentsänderung, bei der die Pflegerin als Erbin des Barvermögens eingesetzt worden war, wegen seiner Demenzerkrankung gar nicht mehr testierfähig gewesen.
Das Testament sei daher ungültig.
Außerdem wurde die Frage aufgeworfen, warum er denn so plötzlich verstorben sei, wo er doch am Morgen noch quietschfidel gewesen war.
Die Hinterbliebenen erstatten Anzeige. Mit dem attestierten natürlichen Tod könne etwas nicht stimmen...

Doch wie kann ein solcher Sachverhalt aufgeklärt werden?
Die einzige Zeugin, die den Verstorbenen zuletzt lebend gesehen hat, ist die Pflegerin.
Die Staatsanwaltschaft Kempten leitet ein Ermittlungsverfahren wegen Verdacht des Mordes gegen Unbekannt ein.
Zur Klärung der Todesursache beantragt sie daher beim Ermittlungsrichter die Exhumierung sowie Obduktion der Leiche. Dieser erlässt auch den entsprechenden Beschluss.
Und so komme ich, der mit diesem Fall bisher gar nichts zu tun hatte, wie die Jungfrau zum Kind, zu meiner nun zweiten Exhumierung.
Der eigentlich ersten, denn einer nun schon länger bestatteten Leiche.

Es ist März. Immer noch Winter. Nach Erledigung aller Formalitäten gibt es einen Termin.
In den frühen Morgenstunden, bei völliger Dunkelheit, treffen mein Kollege Helmut Weißenbach und ich mit Dr. Oliver Peschel auf dem städtischen Friedhof Sonthofen zusammen.

Dieser, Arzt am Institut für Rechtsmedizin, war von München aus angereist und der zuständige Staatsanwalt aus Kempten ist natürlich auch zugegen.

Der zwangsläufig ebenfalls anwesende Friedhofsverwalter bezeichnet das entsprechende Grab anhand seines Plans als das des Herrn Soundso.

Bereits am Vorabend hatten Arbeiter einer Steinmetzfirma den Grabstein und die -einfassung abgebaut. Grund:

Man brauchte Platz. Der Sarg musste ja gehoben werden und sollte der Grabstein ins Grab stürzen, dann...!

Ein beauftragter Gärtner hatte vorher schon den Blumenschmuck entfernt.

Der Bereich um das zu öffnende Grab wird nun durch einen Trupp der Feuerwehr mittels eines Stromaggregats und entsprechenden Scheinwerfern ausgeleuchtet und zwei Friedhofswärter beginnen mit der Ausgrabung.

Trotz der Kälte ein schweißtreibendes Unterfangen. Nach dem Winter, fühlten sich die Erde und der Tote wohl in ihrer Ruhe gestört und wehrten sich...

Ein schmalspuriger Bagger sollte die Lösung sein. Und nach und nach hebt dieser die kompakten, teils noch gefrorenen Erdschichten ab.

Wir stehen daneben. Fotografieren.

Doch müssen diverse Proben gesichert werden. Erdproben, zunächst oberhalb und seitlich des Sarges. Eine weitere in vorgeschriebener Tiefe und Abstand von einigen Metern vom betroffenen Grab.

Die Vorgehensweise ist in Ziffer 34 der Richtlinien für das Strafverfahren und das Bußgeldverfahren (RiStBV) explizit geregelt.

Und so unternehmen Dr. Peschel und ich, Schäufelchen und Gläser mit Schraubverschluss dabei, schon mal einen Ausflug ins nasse, kalte Grab.

Dann warten wir, dass es dem Bagger gelingen wird, den Sarg zu heben.

Die Leiche war in einem schweren Eichensarg bestattet. Selbst der Bagger hatte aber auch seine Schwierigkeiten. Der Sarg hatte sich, durch sein Gewicht, buchstäblich im Erdreich angesaugt und will scheinbar unbedingt dort verbleiben.

Endlich: Nach der Freilegung und Hebung an die Erdoberfläche waren vier Mann von Nöten, den vorne und hinten mit Eisenrohren unterlegten Sarg in den schon bereitstehenden Leichenwagen zu hieven.

Dann ging die Fahrt nach München zur Rechtsmedizin.

Ich hinter dem Leichenwagen. Fahrtstrecke und -zeit dokumentierend, was der Rechtssicherheit dient.

Rechtssicherheit...? Was bedeutet dies? Eine solche Fahrt muss für jedermann im Verfahren nachvollziehbar sein.

Rein hypothetisch - niemand soll sagen, dass es das nicht geben könnte - hätte irgendjemand der Leiche auf der Fahrt, während eines Parkaufenthaltes, z.B. Gift verabreichen können.

Absurd? Vielleicht ja! Vertrauen ist gut, doch Kontrolle ist besser...

Deshalb der Kriminaler hinter der Leiche - mit genau nachvollziehbarer Fahrtstrecke und gegebenenfalls statt gefundener Aufenthalte.

München, Frauenlobstraße.

Enger Innenhof. Immer zugeparkt. Die paar Meter, die dem Ausladen von Särgen dienen, auch nicht immer frei. Wer zuerst kommt, mahlt zuerst... Ausladen. Zum Glück für den Bestatter sind gerade Kollegen der Städtischen Münchner... da. Keine Schwächlinge.

Alleine hätte er den Sarg niemals von seinem Gefährt aus auf die Holzböcke im Flur des Vorraums zu den Sektionsräumen gegenüber den Kühlräumen bringen können.

Ein 20-DM-Schein wechselt den Besitzer. Sie helfen ihm sogar, den Sarg auf eine der fahrbaren Edelstahlwannen zu lupfen.

Ein Fehler. Denn nun tritt Henry auf den Plan. Einer der Präparatoren. Der macht den Bestatter zur S...

„Weißt du, was so eine Wanne kostet, hey?"

Ich hatte damals keine Ahnung, wie es in einem solchen speziellen Fall wirklich zugehen muss.

Eine Stunde später die Obduktion.

Der schwere Eichensarg auf der Edelstahlwanne:

Keineswegs ein Fehler.

Auf Anweisung des ersten Obduzenten - wieder mal Prof. Eisenmenger -
werden zunächst die metallenen Teile des Sarges, Tragegriffe, Sargkreuz
und Deckelschrauben abmontiert und in beschrifteten Tüten asserviert.
Bei späteren chemisch-toxischen Untersuchungen bieten diese die Vor-
aussetzung zur Gewährleistung, dass von ihnen keine metallischen
Gifte in die Leiche eingewandert waren.
Nach Abnahme des Deckels werden aus diesem und dem Unterbau des
Sarges Proben ausgesägt und gesichert.
Dann wird der Leichnam vorsichtig auf den Sektionstisch gehoben.

Der Mann ist - wie man bei uns im Allgäu sagen würde, ohne pietätlos
zu sein - noch pfenniggut beieinander.
Im Spätherbst verstorben und unter die Erde gekommen. Strenger Winter, also durchgefrorenes Erdreich.
Jetzt März.
Pfenniggut.
Lediglich von einem grünblauen, schimmelpilzartigen Flor über den
offen liegenden Hautpartien und auch der von ihm getragene Kleidung
war er überzogen.

Eigentlich wieder ein faszinierender Anblick!
Bis dahin hatte ich so etwas noch nicht gesehen.
Die Obduktion ergab keinerlei Hinweise auf einen nicht natürlichen Tod,
weder mechanisch noch toxisch.
Einen einzigen faden Beigeschmack hatte die Sache:
Noch bevor die staatsanwaltschaftlichen Ermittlungen überhaupt abge-
schlossen waren, schlug die mit dem Erbe von 1.000.000 DM bedachte
Pflegerin dieses aus...

Warum eigentlich...?

Exhumierung

- Fließbandarbeit

Vorher Einzelfall, nun Fließbandarbeit?

Am Dienstag, 7. Februar 2006, beginnt vor dem Landgericht Kempten die Hauptverhandlung gegen Stephan L., dem damals 26jährigen Krankenpfleger.

Laut Anklage werden ihm - vielleicht besser bekannt als der »Todesengel von Sonthofen« - 29 Tötungen vorgeworfen:
16 x Mord
12 x Totschlag
1 x Tötung auf Verlangen
1 x versuchter Totschlag
2 x gefährliche Körperverletzung
Diebstahl
Auf dem viel in den Mund genommenen Kerbholz eine ganze Menge.
Am 20. November des gleichen Jahres ergeht das Urteil:

Lebenslänglich!

Weshalb nun Fließbandarbeit?
Damit zum Beginn meiner Beteiligung an dieser:
Stephan L. war festgenommen worden. Ich wusste nichts davon. Wäre mir auch völlig egal gewesen. Arbeit hatte ich auch so mehr als genug.
Er soll einen Laptop und verschiedene Medikamente aus dem Krankenhaus, in dem er arbeitete, gestohlen haben. Mir doch egal.
Man bringt ihn zu mir zur erkennungsdienstlichen Behandlung. Abnahme der Finger- und Handflächenabdrücke, die sogenannten Verbrecherfotos. Mit seinem Einverständnis sichere ich von ihm auch einen Mundhöhlen-

abstrich zur Sicherung seiner DNS oder DNA, wer es genauer haben will: Desoxyribonukleinsäure, oder -acid.

Doch hatte man mir vor der ED-Behandlung gesagt, dass dieser Mann, so gelassen er vor mir sitzen mag, auf der Fahrt von Sonthofen nach Kempten zehn Morde gestanden hatte...

Stephan L., der Mensch, der zehn andere ermordet haben will, sitzt ganz ruhig da.

Zwei Medikamente hätte der dafür eingesetzt. Und so weiter...

Unglaublich, aber anscheinend doch wahr...

Es gab ja sein Geständnis!

Doch Geständnisse sind das eine, das andere, was sie schlussendlich wert sind.

Denn eines ist sicher: Es gibt auf dieser Welt mehr als genügend Spinner...

Und was wäre, wenn dieser Mann nun einfach sagen würde: Widerruf und »*Ällagätsch - war alles nur ein Späßchen!*«

Was dann? Nun - er widerruft nicht!

Mit all den nachfolgenden Ermittlungen habe ich eigentlich nur am Rande zu tun.

Sie führen zu dem Ergebnis, dass seit der Einstellung des Herrn L. im Krankenhaus in Sonthofen, und meistens, wenn er Nachdienst hatte, proportional wesentlich mehr Patienten verstorben waren, als in den Nachtschichten seiner Kolleginnen und Kollegen.

Sagte der Mann die Wahrheit oder wollte er nur mediale Aufmerksamkeit erreichen? Was weiß denn ich?

Um dieses Geständnis festzunageln, gab es eigentlich nur eine Option.

Die gerichtsmedizinische Untersuchung seiner möglichen Opfer. Doch die lagen ja alle unter der Erde.

Eine zweite Möglichkeit - vielleicht -, um festzustellen, dass..., wäre unter Umständen die Exploration des Geständigen durch einen Psychiater!

Denn: Welcher Mensch wird, ohne dass Druck auf ihn ausgeübt wird oder ein sonst zwingend erkennbarer Grund vorläge, sich selbst beschuldigen, zehn Morde begangen zu haben?

Stimmte da etwas in seinem Kopf nicht, oder hing noch mehr an der Geschichte?

Und so beginnt nun die Fließbandarbeit!

Wie eine Exhumierung im Einzelnen abzulaufen hat und auch abläuft, war schon zu lesen:
Es beginnt mit der Organisation des Ganzen und damit zunächst mal der Feststellung der Grabstätte auf dem jeweiligen Friedhof.
Dann erfolgt die Verständigung sämtlicher zuständiger Behörden usw. und auch der Angehörigen der Verstorbenen.
Der Zustand der jeweiligen Gräber muss zeitnah vor der Exhumierung fotografisch und durch deren Beschreibung dokumentiert werden.
Die Angehörigen müssen über den Tag der Exhumierung informiert werden. Gleichzeitig werden sie gebeten, das Grab ihres Verstorbenen eben nicht gerade an diesem Tag besuchen zu wollen.
Es muss festgestellt werden, wer und in welcher Funktion am Tag X anwesend ist. Es muss sichergestellt sein, dass der Friedhof zumindest im betroffenen Bereich gegen Gaffer und auch gegenüber der überall lauernden Presse entsprechend abgesperrt ist, heißt, sind genügend uniformierte Beamte vor Ort, usw., usw.

Doch wie schafft man dies in solch einem Fall?

42 - zweiundvierzig - erdbestattete Verstorbene, Alter zwischen 40 und 95 Jahren.
38 weitere, die aber feuerbestattet worden waren. Dies bedeutete, dass die Untersuchung deren Asche keinerlei Erkenntnisse bringen würde.

Die Chose ging los.

Irgendeiner musste nun aber diejenigen Toten, bei denen vermutet wurde, dass nicht alles mit rechten Dingen zugegangen war, und die erdbestattet waren, ausgraben.

Ausgraben, um bei den Autopsien in den mehr oder weniger noch vorhandenen Überresten derer Körper diese Medikamente, welche zwangsläufig zum Tode geführt hatten, nachweisen zu können.
Ausgraben, das ist wie Eingraben. Natürlich muss dies kein Kriminaler persönlich tun.
Wir graben keine Verstorbenen ein und auch nicht aus. Zumindest (normalerweise) nicht auf einem Friedhof.
Dafür gibt es Leute, die dies professionell, also für Geld, machen: Bestatter und Friedhofsarbeiter.
Doch eine solche Aktion, die nun vor uns lag, muss erst einmal, wie bereits erwähnt, organisiert sein, und zwar generalstabsmäßig...
Wir, die Kripo, sahen dies von Anfang an so. Wenn Exhumierungen, dann alle...
Doch es bedurfte längerer Gespräche und Diskussionen mit der Staatsanwaltschaft - das Ganze kostet nämlich Geld und zwar nicht wenig, und jemand muss dieses Geld auf den Tisch legen.
Deren Meinung: Man könne doch zunächst mal eine Leiche exhumieren. Wenn die chemisch-toxikologische Untersuchung ergebe, dass, ..., dann könnte man sich weitere Exhumierungen ersparen...
Aber wie sollten dann die notwendigen Beweise für die beabsichtigte Anklage für die eventuell vorliegenden weiteren 41 Tötungsdelikte erbracht werden können, wenn sie sich nicht aus den Untersuchungen der jeweiligen Leichen ergeben würden?
Man entschloss sich zu den Exhumierungen.
Die erste, auf dem Friedhof in Immenstadt, verlief etwas holperig: Grund war auch, dass das Fundament des nebenanliegenden Grabes bis in das zu öffnende reichte. Mehrkosten waren die Folge.

Die Mehrzahl der Bestatteten und zu Exhumierenden lag auf dem Friedhof in Sonthofen.
Aus organisatorischer Sicht betrachtet, optimal für mich und damit
die einfachste Lösung. Einbeziehung der Friedhofsverwaltung, Requi-
rierung der Leute, die die Enterdigungen dann durchführen sollten,
vorherige Verständigung der zuständigen Behörden.
Methode: Tapferes Schneiderlein - Sieben Fliegen auf einen Streich...

Doch bereits nach der zweiten Exhumierung streiken die Friedhofsarbeiter und verweigern nach und nach die weitere Mitarbeit. Zitat von
einem dieser Männer:
In am Monat gang i in Rente. Do muas i mir des wirklich numma adua...!
Verständlich, nachvollziehbar. Denn ganz so lustig ist dieses Ausgraben
von Leichen wirklich nicht.

Auch wenn im Fernsehen immer alles so einfach aussehen mag und in
den entsprechenden Filmen in Minuten, wenn nicht Sekunden erledigt
ist. Doch dort muss die Geschichte ja schnellstmöglich vorangehen.
Spätestens nach 90 Minuten warten die Tagesthemen, oder noch besser,
schon ein weiterer Krimi...
Was dort gezeigt wird, hat nichts, aber auch gar nichts mit der Realität
zu tun!

So stand ich nun da und musste einen Bestatter finden, der die Ausführung
der weiter geplanten, weil in dem Fall notwendigen Exhumierungen,
hier im Umkreis auch garantierte.
Ich fand einen.
Dieser erstellte einen Kostenvoranschlag, der von der Staatsanwaltschaft akzeptiert wurde.
Daneben musste die Organisation von drei Leichenausgrabungen in
Augsburg, einer in Baden-Württemberg, einer in Norddeutschland und
einer im Kleinen Walsertal, also in Österreich, auf die Beine gestellt
werden.

So ging es dann, mehr oder weniger, munter ans Werk...

Nach drei in München obduzierten Leichen hatte der Chef der Rechts-medizin, Prof. Eisenmenger, einen konstruktiven Vorschlag: Es wäre doch unter Umständen einfacher, ein komplettes Obduktionsteam für mehrere Leichen nach Sonthofen zu schicken, als jede einzelne nach München zu bringen?
Dies koste auch Geld, wenn aber Tage zusammengelegt würden, gäbe es zwar Übernachtungs- und Verpflegungskosten, doch könnte dann viel-leicht etwas gespart werden. Zumindest die Überführungsfahrten von den Friedhöfen nach München und zurück.
Rücksprache mit dem Staatsanwalt und: Gesagt, getan.

So kamen Prof. Matthias Graw, Dr. Oliver Peschel, der Arzt Florian Fischer und nicht zuletzt der Michel als Präparator zu den allerseits ver-einbarten Terminen nach Sonthofen.
Nicht aber nur dort hin.
Auch nach Blaichach, Immenstadt und ins benachbarte Ausland, dem Kleinen Walsertal.
Mir kam deshalb der Ausdruck Fließbandarbeit, man könnte auch Marathon dazu sagen, in den Sinn.
Die Höchstleistung: Acht Leichen an einem Tag!
Enterdigung, vollständige Obduktion. Und dann vor allem wieder Beer-digung!
Zeitaufwand rund zwei Stunden pro Leiche. Ergibt bei acht Leichen rund 16 - sechzehn - Stunden am Tag - für alle Beteiligten an diesen Arbeiten! Höchstleistung!
Kein Wunder, dass die Friedhofsleute rebellierten. Diese bekamen ja (nur) ihre feste Monatsvergütung. Die Leute des privaten Bestatters erhielten ihr Geld nach Stückzahl.
Exhumierung.

Wie heißt es so schön: »Der Mensch ist ein Gewohnheitstier« - und so hatten weder die Münchner noch ich mit dem Umgang dieser Sache irgendein Problem.

Der tagtägliche Umgang mit Leichen...

Alle Beteiligten - Staatsanwaltschaft und Kripo sowie die Gerichtsmedizin - waren nur bestrebt, die Wahrheit in diesem Fall ans Licht zu bringen.

Ablauf:
- Abräumen des Grabes durch Gärtner und Steinmetz.
- Teilsperrung des Friedhofes (in den frühen Morgenstunden ab 5 Uhr relativ einfach).
- Erstellen eines Sichtschutzes um die jeweils betroffene Grabstätte.
- Enterdigung des Leichnams im Sarg.
- Überführung desselbigen vom Grab zum Sektionsraum des Friedhofs.
- Wiegen des Sarges mit der Leiche.
- Entnahme derselben und Legen auf den Sektionstisch.
- Wiegen des Sarges ohne Leiche und Sicherung der entsprechenden Proben aus diesem.
- Vollständige Obduktion der Leiche, heißt Entkleidung, Aufsägen des Schädeldaches, Eröffnen der Brust- und Bauchhöhle, Entnahme der notwendigen Proben (sofern möglich) aus Gehirn, Herz, Leber, Lunge, Nieren...
- Zurücklegen der Leiche mit der Restkleidung in einen einfachen neuen Sarg.
- Verbringung dieses Sarges in den vorgefahrenen Leichenwagen.
- Überführung zur ursprünglichen Grabstätte.
- Erneute Beerdigung.
- Schließung der Grabstätte.
- (tags darauf) Wiederherstellung von Grabstein und Einfassung samt Blumenschmuck (gemäß Foto).

Fließband, wirklich Fließband...!

Nach zwei Tagen schaut alles so aus, als ob es diese Maßnahme nie gegeben hätte.
Ein Schei...job und für alle Beteiligten psychisch aber auch physisch
anstrengend. *»Hätt'ma halt was G'scheits g'lernt...!«*
Schei...job - doch höchst interessant.

Auch der Umgang mit der Presse, die natürlich an solch einem Ort
schneller auftaucht als man meint - obwohl diese Termine nicht öffent-
lich verbreitet wurden, kann zu einem Erlebnis werden. Denn diese,
also manche Vertreter der Presse, können unter Umständen sehr ag-
gressiv werden, wenn es um das Erheischen erster Fotos für die nächste
Ausgabe ihrer Zeitung geht...

Aber Schwamm drüber...
Ich habe viel dabei gelernt, auch wenn manches nicht ganz so schön war,
doch...
Auch das gehört zum Leben eines ED'lers.

Übrigens:
Lediglich eine Familie der von den Exhumierungen betroffenen wehrte
sich buchstäblich mit Händen und Füßen gegen die Ausgrabung ihrer
Oma.
*»Lasst sie in Frieden ruhen! Wir haben den unseren mit ihrem Tod bereits
gefunden.*
Deshalb kommt das gar nicht in Frage, etc., etc.«, musste ich hören.

Alle anderen, und ich habe sehr viele Telefonate geführt, sahen die Not-
wendigkeit dieser Maßnahme von vornherein ein.
Die meisten begrüßten diese sogar ausdrücklich. Sie wollten, auch wenn
zwischenzeitlich Monate seit dem Ableben vergangen waren, wissen,

ob Oma oder Opa, Mutter oder Vater, Ehefrau oder -mann, im Krankenhaus umgebracht wurde oder nicht.

Natürlich würde die ganze Sache wieder hochkommen, aber dann könne man endgültig einen Schlussstrich ziehen.

Doch waren alle 42 Exhumierungen durch den zuständigen Richter angeordnet.

Schlussendlich stimmte nach einer Vielzahl von langen Telefonaten und den entsprechenden Erklärungen mit Wie, Was und Warum auch die erstgenannte Familie zu.

Wie bereits erwähnt:

Der Fall, der bundesweit große Wogen schlug endete mit dem Urteil: Lebenslänglich.

Die allermeisten Angehörigen lobten unsere Arbeit.

Man darf dieses Lob aber nicht falsch verstehen.

Ich sehe es nur als reine Anerkennung, dass jemand diese Arbeit überhaupt machte...

Leider gab es inzwischen einige ähnliche, wenn nicht sogar schlimmere Fälle in der Bundesrepublik...

Schrecklich...

Die heiße Badewanne

- Unterlassene Hilfeleistung?

Ein auch schon in die Tage gekommener Beton- und Ziegelklotz, eigentlich ein hässlicher Kasten. Mitten in Kempten am westlichen Rand des Stadtzentrums.

Neun Geschosse, insgesamt 58 Wohneinheiten, alle mit Balkonen bzw. Loggien.

Ich kenne das Haus. Ich vergleiche es gerne mit einer Legebatterie für Hühner... Nichtsdestotrotz wohnen dort Menschen.

Freitagabend. Ich sperre mein Büro im ersten Stock der Polizeidirektion Kempten zu und will nach Hause. Es ist schon 18:30 Uhr, doch der Mensch ist ein Gewohnheitstier, mein Fehler, und ich schaue noch in der Wache der Polizeiinspektion vorbei, um den Kolleginnen und Kollegen einen schönen Abend zu wünschen.

Wirklich ein Fehler!

»Ja, das ist ja schön, dass du noch da bist. Aber angerufen hätten wir dich sowieso.«

Um was es denn ginge, will ich wissen und dann kommt es:

»Wir hätten da a Leich' für dich!«

Kenne ich doch von irgendwoher, oder?

Doch die Katze lässt das Mausen nicht und kann wieder einmal nicht nein sagen:

»Worum geht's denn eigentlich?« - *»Naja, um eine eventuelle unterlassene Hilfeleistung.«*

Meine Frage, was mich das alles anginge, wird so beantwortet:

»Eigentlich ja nichts, denn der Doktor hat ja einen natürlichen Tod bescheinigt.«

Es gibt also (die Adresse wird mir genannt) dort eine Leiche. Eine alte Dame in der Badewanne - nackt.

Die Badewanne, befindet sich im fünften Stock der von mir so beschriebenen Legebatterie.

Die Sache hat aber einen Haken: Der Vermieter des Appartements, in dem die Verstorbene lebte, ist ein bekannter Angehöriger der Justizbehörden in Kempten.

Jurist.

Der ist am Morgen angerufen worden und man habe ihm gesagt, dass die alte Dame, 78 Jahre alt, seine Mieterin, seit dem gestrigen Tag nicht mehr gesehen worden wäre.

Er, der Eigentümer, hat die Öffnung der Wohnung, um nachzusehen, aber abgelehnt.

Was hätte es für einen Grund geben sollen, ohne konkrete Anhaltspunkte in seine vermietete Wohnung einbrechen zu dürfen?

Bis zum Nachmittag hatte noch immer niemand die alte Dame gesehen.

Der Eigentümer wurde wieder davon (Hausmeister und Nachbarn) in Kenntnis gesetzt und jetzt war gegen 17 Uhr die Wohnungsöffnung in Gang gesetzt worden.

Die Feuerwehr rückte an und brach die Wohnungstüre auf. Nachdem ja das Schlimmste befürchtet worden war, und damit der Frau eventuell noch geholfen werden könnte, war auch der Notarzt vor Ort. Ebenfalls die Polizei.

Die Einsatzkräfte fanden folgende Situation vor:

Im Treppenhaus reger Personenverkehr (kein Wunder bei der Legebatterie).

Kleineres Zweizimmerappartement.

Fünftes Obergeschoss.

Wohnungstüre versperrt. Schlüssel innen steckend.

Keinerlei Anzeichen des Versuchs eines gewaltsamen Eindringens. Balkontüre geschlossen.

Altersentsprechende Kleidung ordnungsgemäß auf der Lehne eines Sessels im Wohnzimmerbereich abgelegt. Bad bzw. WC-Türe quasi geschlossen, d.h. angelehnt.

In der Badewanne auf dem Rücken liegend eine weibliche Leiche. Im Bad fast unerträgliche Hitze.

Der Notarzt konstatiert auf die Schnelle den Tod, verweist auf den drei Straßen weiter wohnenden Hausarzt und verschwindet.

Der Hausarzt wiederum, über die Umstände des Tages informiert, meint den Beamten gegenüber, nachdem er den rechten Arm bzw. deren Hand leicht angehoben hatte, dass die Frau, hätte man am Morgen die Wohnung geöffnet, jetzt noch, trotz ihrer Krankheit, am Leben sein könnte.

Also Unterlassene Hilfeleistung, denn...

§ 323c Strafgesetzbuch (StGB) sieht vor, dass, wer bei Unglücksfällen oder gemeiner Gefahr oder Not nicht Hilfe leistet...

Unglücksfall, gemeine Gefahr...? Sollen sich die Juristen den Kopf darüber zerbrechen...

Was mache ich? Ich gehe zurück ins Büro. Zunächst versuche ich Dr. Höhmann zu erreichen.

Umsonst.

So probiere ich es bei der Rechtsmedizin in München. Und wen bekomme ich ans Telefon? Dr. Oliver Peschel!

Dem erzähle ich die ganze Sache:

»Würdest du, wenn es haarig werden sollte, zu mir nach Kempten kommen?«

»Selbstverständlich, wenn nichts dazwischenkommt. Aber jetzt fährst du erst mal dahin. Ich geb dir meine Handynummer, aber ich bin im Institut, und du rufst dort an, wenn du was weißt oder irgendetwas unklar ist, einverstanden?«

So fahre ich, nachdem ich meine Frau angerufen hatte, dass es wieder mal später werden würde - einige Male hatte ich dies im Eifer des Gefechts schon vergessen - in die ...straße.

Über Funk angekündigt, werde ich dort erwartet. Man zeigt mir die aufgebrochene Türe, etc., aber vor allem, wie der Schließzustand der Badtür war, als die Polizei... Die Türe hätte nicht offen gestanden. Sie sei angelehnt gewesen. Dort in der Badewanne sei die Leiche. Ansonsten wäre hier wohl alles in Ordnung.

Es ging hier also prinzipiell nur um den Todeszeitpunkt. Festzustellen durch...

Ich bitte den ebenfalls anwesenden Hausmeister die Türe zum Appartement der Dame auf die Schnelle so zu reparieren, dass man sie wenigstens von innen versperren, aber - noch wichtiger - auch öffnen kann.

Dem Mann, wahrlich ein Tausendsassa wie so mancher Hausmeister, gelingt dies in kürzester Zeit. Anbringen einer sogenannten Überfalle und eines Vorhängeschlosses.

Ich wollte, wenn auch nur annähernd möglich, es hatte ja natürlich einen enormen Luftaustausch gegeben, die ursprünglichen Temperaturverhältnisse im Appartement wiederherstellen.

Mit einem Dank verabschiedete ich die Kollegen, den Hausmeister und alle übrigen und schloss die Türe zum Appartement.

Nun war ich alleine, schaute mich um. Ich hatte ja nun Zeit. Zeit, dass sich die normalen, heizungsbedingten Temperaturverhältnisse eventuell wiederaufbauen konnten.

Nach einer halben Stunde wagte ich mich, mein Digitalthermometer in der Hand, in das Bad/WC.

Ich lief buchstäblich gegen eine Wand. Die Anzeige des Thermometers schoss innerhalb ganz kurzer Zeit auf fast 37° C hoch.

Fast unerträglich, doch es ist ein innenliegendes Bad ohne Fenster.

In der Badewanne links der Türe lag die Leiche. Nackt, rücklings.

Kein Wasser in der Wanne, auf dem Ablauf ein kleines Handtuch. Auf dieses tropft es aus dem Hahn.

Ich stehe nun also im Bad und schiebe die Türe so zu, wie es mir beschrieben worden war.

Das Thermometer klettert.

Nicht mehr viel aber doch auf 39,2° C und der Schweiß bricht aus.

Warten, ob sich die Temperatur noch verändert. Nein, also Umgebungstemperatur.

Ich stelle das Thermometer nun zwischen die gespreizten Beine der Leiche auf den Wannenboden und erlebe etwas Erstaunliches.

Die Temperatur fällt auf 27° C.

Die rektal gemessene - die Lage der Leiche bot sich wieder einmal an – zeigt ebenfalls 27° C.

Die Erklärung: Es handelt sich um eine massive Gussbadewanne, die natürlich einen erheblichen Teil der Hitze absorbiert.

Nach Erledigung dieser Aufgabe geht es dann ohne Eile an die Bergung der Toten aus der Wanne. Dies mache ich natürlich nicht alleine. Verständigung der Einsatzzentrale, Verständigung eines Bestatters.

Als dieser kommt, telefoniere ich mit München.

»Servus Oliver, also die Sache sieht so aus...«

»Na, wie du mir das schilderst, erübrigt sich ja leider die Fahrt nach Kempten. Eigentlich hätte ich dich gerne gesehen. Dann eine gute Nacht und bis zum nächsten Mal!«

Ach ja, beinahe vergessen: Die Kollegen der PI hatten mir die vom leichenschauenden Arzt ausgestellte Todesbescheinigung übergeben.

Darauf stand:

„Natürlicher Tod - Todeszeit: Datum, eine Angabe der Uhrzeit vom Vormittag desselben Tages..."

Als die Herren des Bestattungsinstituts da sind, heben wir gemeinsam die Frau aus der Wanne. Bei dieser Gelegenheit schaue ich mir die Hände und die Füße der Toten genau an.

Mumifizierung.

Die Frau kommt, damit sich der Zersetzungsprozess nicht wegen der nun anderen Temperaturverhältnisse verändert, in die Kühlzelle des Leichenhauses des Zentralfriedhofes.

Am darauffolgenden Tag rufe ich Herrn Dr. M., Hausarzt der Toten, der die Leichenschau durchgeführt hatte, an.

Ich sage ihm, dass er mit seinem festgestellten Zeitpunkt in der Todesbescheinigung einigen Wirbel ausgelöst hätte.

»Ja, warum denn?«, war seine Antwort bzw. Frage.

»Weil es sich bei Ihrer sich im Aufbau befunden habende Leichenstarre um eine sich lösende gehandelt hat. Mumifizierung! Wie kann dies beides denn zusammengehen?«

Was man denn jetzt tun könne, fragt der Arzt.
Die Antwort: Er solle sich mit dem zuständigen Staatsanwalt in Verbindung setzen.

Wiederum kurz: Es gab keine Obduktion.
Es gab kein Verfahren irgendwelcher Art - Unterlassene Hilfeleistung?

Es gab nur eines:

Eine neue, vom gleichen Arzt „korrigiert" ausgefüllte Todesbescheinigung.

Zweckentfremdet

- einfach nur schäbig...

Füssen.
Schlichterhaus.
Ein ehemals gewerbliches Gebäude der dort angesiedelt gewesenen Textilindustrie. In diesem wurde damals in einem chemischen Prozess eben diese Schlichte zur Stärkung der Kettfäden im Webprozess aufgebracht.
Vor rund fünfzehn Jahren und vielleicht auch heute noch war es ein von der Stadt zur Verfügung gestellter Unterschlupf für Menschen ohne eigenes Zuhause. Für eine Nacht. Aber es war auch Obdach für einige wenige dauerhaft dort Ansässige.

Fronleichnam. Donnerstag, wie immer.
Ein Feiertag, normalerweise im Mai oder Juni des Jahres.
Wie so oft werde ich durch das Telefon geweckt:
»Mir hättad do wieder mol a Leich' für di! A alte Frau, bei dera es brennt hot, aber bleed isch halt, dass se halt au bluated.
Da KBvD, also da Egon, isch scho drüba in Fiassa. Des Feier isch scho g'löscht und jetzt wartet halt alle auf di.
Wenn no was wissa willsch, frogsch halt noach, wenn'd do bisch!«

Ich stehe (Versuch: geräuschlos) auf, dusche, küsse meine Frau, die natürlich erwacht war, erkläre kurz warum und bin dann mal wieder weg...

Das sogenannte Schlichterhaus steht, durch Bäume fast gänzlich verdeckt, südlich der Straße von Pfronten nach Füssen.

Als ich ankomme, stehen noch ein Fahrzeug der Feuerwehr, ein Streifenwagen der Füssener Polizei und natürlich der Zivil-Pkw der Kripo
Kempten vor dem Haus.
Unterhalb des Fensters des Zimmers der toten Frau liegen die Trümmer
ihres verbrannten Bettes.
Mehrere Leute stehen davor. Es sind dies der Hausmeister mit seiner Frau
und ein paar weitere Bewohner sowie drei, vier Feuerwehrler. Auch Egon,
mein Kollege.
Er geht mit mir in den ersten Stock. Treppenhaus und die Flure sind
relativ geräumig.
Dort liegt die Leiche, die von den Feuerwehrmännern bei ihrem Löschein-
satz gefunden und einfach, an den Händen gepackt, aus ihrem Zimmer auf
den Treppenflur gezogen worden war.
Mitten im Flur des Treppenhauses liegt sie nun. Rücklings, wie sie gefunden wurde, vollständig bekleidet, über und über schwarz von Ruß, aber
eben eine oder vielleicht auch mehrere blutverkrustete Platzwunden
oberhalb der linken Stirnseite im Bereich des weiß-grauen, schütteren
Haupthaares.
Es ist die Leiche der Frau W.

Die ersten Ermittlungen hatten bei der Befragung des Hausmeisters
und anderer Bewohner folgendes ergeben: Die alte Dame, nun beinahe
91 Jahre alt, wohnte, nein hauste seit mehr als zehn Jahren im ersten
Obergeschoss in einem nicht einmal zwölf Quadratmeter großen Zimmer.
Ein Fenster, zweiflügelig, nach Osten hin zum geteerten Hofbereich.
Dafür bezahlte sie sogar Miete, nicht viel, aber doch...
Im Zimmer nebenan, ungefähr gleich groß, lebte ein Mann. Menschen,
die, Gott sei Dank in solchen Häusern unterkommen, haben eigentlich
keinen sozialen Anschluss.
Die Ursachen dafür zu ergründen und für deren Beseitigung zu sorgen
war und ist nicht meine Aufgabe.

Doch der Reihe nach:

Der Hausmeister.
Er hatte angegeben, dass er in die Pilze habe gehen wollen. Klang seltsam, denn die Pilzsaison beginnt doch erst Ende des Sommers zum Herbst hin.
Als er das Haus verlassen habe, hätte er Rauch aus dem Zimmerfenster von Frau W. qualmen gesehen.
Er sei sofort zurück, habe seine Frau geweckt und sei mit dem im Flur hängenden Feuerlöscher in den ersten Stock gestürmt, dort die Türe zum Zimmer von Frau W. einfach eingetreten und dann den Feuerlöscher eingesetzt.
Seine Frau hatte zwischenzeitlich die Feuerwehr und die Polizei alarmiert.
Als diese da war, hatte ihm natürlich zunächst niemand geglaubt. Wer geht schon an Fronleichnam in die Schwammerln?
Der Einsatz von Feuerwehr und Polizei läuft routinemäßig ab.
Mit Wasser und Schaum wird gegen die Flammen vorgegangen. Weil das Bett brennt, wird dieses einfach aus dem Fenster geworfen und unten im Hof weiter mit Wasser abgelöscht.

Der Zimmernachbar?
Der Mann, Herr S., bewohnt das unmittelbare Nachbarzimmer der Frau W.
Nein, er wisse nichts, er habe nach einigen halben Bier geschlafen und erst durch die Feuerwehr mit ihrem Ta-tütata sei er aufgewacht und stünde nun doch schon einige Stunden vor dem Haus und...
Natürlich habe er Freunde. Mit diesen würde er sich immer an einem Kiosk auf ein oder auch zwei Bier treffen. Einer davon, er nannte dessen Namen, sei sein „bester"...

Nach mir tauchten weitere Kollegen der Kripo auf.

Die machten sich, nun mit den neuesten Erkenntnissen versorgt, auf die Suche nach noch weiteren...

Und: Bingo!

Dieser „beste" Freund war schnell ermittelt und der erzählte, dass sein Kumpel, eben der Herr S., ihn schon vor Monaten dazu überredet hatte, dieses alte Weib, das neben ihm im Zimmer wohnt, zu erleichtern.

S. hatte nämlich beobachtet, dass zu Monatsbeginn der Briefträger zu Frau W. kam und ihr immer ihre Rente in bar ausbezahlte...

Die beiden heckten gemeinsam einen Plan aus, wie man ohne großes Aufsehen an dieses Geld der Alten kommen könne.

In den beiden Freunden, oder auch nur in S. keimte auf, dass dies doch ganz einfach wäre, wenn man...

S., wie auch Frau W., hatten nur einen Anschluss für eine Deckenlampe sowie eine einzige Steckdose in ihren Zimmern.

Der für jedermann zugängliche Sicherungskasten befand sich jeweils im Treppenhaus der einzelnen Etagen. Wenn der Strom im Zimmer der Alten durch Ausschalten der Sicherung ausfallen würde, wäre diese gezwungen ihr Zimmer zu verlassen, um die Sicherung eben wieder durch Umlegen des Kippschalters zu aktivieren...

In dieser Zeit, einer lässt die Sicherung fallen, die Alte, nicht mehr so ganz gut zu Fuß, muss ins Treppenhaus, um die Sicherung wieder zu aktivieren, bliebe für den anderen genug Zeit, um in deren Zimmer nach Barem zu suchen.

Die beiden hatten dies mehrmals erfolgreich praktiziert.

Frau W. hatte aber nie festgestellt, dass ihr Geld fehlte.

Zum aktuellen Tag bzw. Vorabend:

Herr S., wieder einmal in Geldnot, hatte seinen Freund angerufen:

»Du, könnten wir nicht heute Abend, wenn es halt dunkel wird und die Alte ein Licht braucht, wieder...?«

Doch der:

»Nein, ich mache nicht mehr mit. Ich habe jetzt einen festen Job und den möchte ich wegen so etwas nicht verlieren...!«

So kam es, wie es kommen musste:

Zwischenzeitlich war die Autopsie der Getöteten durchgeführt worden. Das Ergebnis war eindeutig: Jemand hatte mit brachialer Gewalt mindestens dreimal mit einem kantigen Gegenstand auf deren Schädel eingeschlagen.

Die Bruchlinien, die nach dem Abziehen der Kopfschwarte eindeutig auf dem Schädeldach abgrenz- und damit abzählbar waren, belegten dies eindeutig.

Obduktionsprotokoll.

Fotografien.

Sicherstellung des Schädeldaches, welches marzeriert, was heißt nur noch knöchern am Ende auf dem Richtertisch landet.

Die Bruchlinien mit rotem Filzstift markiert und damit auch für Laien erkennbar.

Herr S. hatte den Sicherungstrick alleine versucht.

Die Rekonstruktion der Bettstatt - der Brandermittler und ich haben die Überreste wieder in das Zimmer im ersten Stock geschafft - ergab, dass der Brand nicht gelegt worden war.

Auch wurden keine Brandbeschleunigungsmittel wie Benzin oder ähnliches gefunden.

Was uns beiden im Gedächtnis bleibt, die arme alte Frau hatte eigentlich nur rund fünf Quadratmeter betretbare Fläche in ihrem rund zwölf Quadratmeter großen Zimmer.

In dem standen ihr Bett, ein kleines Nachtkästchen und eine ältere Küchenkommode. Der Rest voll mit Kartons, bestückt mit uraltem Zeug. In diesen fanden wir Euro-Geldscheine sowie Scheine der letzten und ersten Generation DM, der Deutschen Mark, im Wert von mehreren Tausend...

In die Enge getrieben gestand Herr S., den Sicherungstrick alleine versucht zu haben: Sicherung aus - Frau W. macht sich auf den Weg ins Treppenhaus, um die verdammte Sicherung wieder...

Herr S. zwischenzeitlich im Zimmer, um Bares zu finden, doch dann steht die Alte, schneller als erwartet, wieder in ihrem Zimmer und überrascht ihn.

Er ergreift, weil Frau W. natürlich sofort zu Schreien anfängt, den nächsten Gegenstand, der ihm in die Hände kommt:

Ein Waffeleisen!

Ein Waffeleisen, wie es seit langer Zeit nicht mehr verwendet wird und man es nur noch im Heimatmuseum bestaunen kann.

Zwei Platten aus Aluminiumspritzguss. An einem Ende mit einem einfachen Scharnier versehen, an den anderen je circa 25 cm lange, nicht ganz bleistiftdicke Eisenstangen, jeweils mit Holzgriffen.

Größe etwa die einer Toastbrotscheibe, außen glatt, innen geriffelt.

Man kann so etwas als Hammer verwenden...

Was tun? Er steht im Zimmer der Alten, die nun vor ihm zwischen Bett und Kommode liegt.

Tot!

Er zündet sich eine Zigarette an. Mehrere Züge, dann hält er es nicht mehr aus.

Er schaut, dass er in sein Zimmer kommt, bevor ihn irgendjemand entdeckt. Die Zigarette verliert er aus der Hand, doch ist er jetzt schon draußen auf dem Flur...

Ein Zurück? Nein!

Doch auch jetzt kam es, wie es kommen musste... Der Brand...

Den zunächst verdächtigen Hausmeister traf also keinerlei Schuld...

Der Täter war Herr S., der Nachbar.

Die Tat an einer wehrlosen 90jährigen Frau - einfach nur schäbig, schäbig, schäbig...!

Mehr als schäbig aber auch, dass eine so alte Frau in solch einer Behausung, von der Stadt zur Verfügung gestellt, vegetieren musste...

Skelett am Gailenberg

- Anfang und Ende der Geschichten

1969. Ein Sommertag im Oberallgäu.

Ich, damals Wachtmeister der 15. Hundertschaft der Bayerischen Bereitschaftspolizei, leiste nach der Grundausbildung nun ein dreimonatiges Einzeldienstpraktikum bei der damaligen Grenzpolizeistation Hindelang ab.

Herrlichstes Wetter an diesem Samstag im Juli, dem Monat der ersten bemannten Landung auf unserem Trabanten.

Eine Wandergruppe hat in einer halb verfallenen Hütte am Gailenberg, vor vielen Jahren war sie als Heuschober benutzt worden, einen völlig überraschenden Fund gemacht: Knochen!

Menschliche Knochen, ein Skelett?

Nein, nur Teile davon, die aber in teilweise noch erkennbaren Bekleidungsrückständen stecken. Hose und Trachtenjanker, wenn man das so nennen kann...

Mäuse und sicherlich viele andere Tierchen hatten sich daran gütlich getan.

(Fast) ein Skelett!

Nachdem der Fund von ihnen bei der Grenzpolizei gemeldet worden war - Handys gab es damals nicht – verständigte der Wachhabende, den Namen weiß ich nicht mehr, telefonisch die damalige Polizeiinspektion Kempten, bei der auch die Kriminalpolizei angesiedelt war.

Neben ihm war ich, der Lehrling, der einzige Beamte auf der Station.

Der diensthabende Beamte der Kripo war Helmut Weißenbach, damals frischgebackener Kommissar.

Natürlich kommt er mit dem Dienst-Pkw nach Hindelang.

Bei uns eingetroffen wird er über den Fundort am Gailenberg informiert und ich ihm als Fahrer zugeteilt.

Welche Ehre...

Ich, der kleine Bereitschaftspolizist - er, ein leibhaftiger Kriminalkommissar.

Unsere erste Begegnung und niemand hatte damals erahnen können, dass es nicht die letzte sein würde.

Helmut Weißenbach sollte dreizehn Jahre später mein genialer Lehrmeister im Metier des Erkennungsdienstes werden.

Noch heute sind wir, zumindest an unseren Geburtstagen, telefonisch in Kontakt. Oder wir sehen uns bei manchen Treffen der Pensionisten und tauschen angeregt alte Geschichten und Erinnerungen aus.

Doch zurück zum Anfang:

Ich, der Bereitschaftspolizist, darf das Kripo-Fahrzeug, den 1600er VW-Karavan, zurück von Hindelang nach Vorderhindelang fahren.

Dieses dort abgestellt, machen wir uns an den Aufstieg zum Gailenberg.

An der besagten Hütte angekommen, fotografiert Helmut die Auffindesituation und notiert (damals gab es keine Diktiergeräte) alles in seinem Notizbuch.

Dann geht es ans Einsammeln der noch vorhandenen Überreste dieses menschlichen Körpers und auch an das, was von seiner Kleidung übriggeblieben war.

Schädel, Rippen, Knochen von Hals- und Rückgrat, der Ober- und Unterarme, Ober- und Unterschenkel - und vereinzelt Finger- und Zehenknöchelchen.

Allesamt in einem Rupfensack gesammelt, trägt Helmut die Knochen im Rucksack, ich den Rest der Bekleidung in einem zweiten Behältnis ins Tal.

Dort kommen sie auf die Ladefläche des VW-Karavan. Weißenbach fährt damit, nachdem ich bei der Grenzpolizeistation wieder ausgestiegen bin, nach Kempten.

Übrigens:

Das Zusammensetzen der Skelettteile im Hof der Dienststelle durch Weißenbach sollte dazu dienen, fehlende Körperteile, z.B. durch Amputationen und sonstige knöcherne Verletzungen, festzustellen. Wenn erfolgreich: Ein Dominosteinchen zur Identifizierung dieses Leichnams.

Ein neugieriger Kollege der - damals hieß das - Landpolizeistation wollte unbedingt dabei zuschauen. Warum auch nicht? Doch das Ergebnis: Er musste sich übergeben.

Wie mir aber Helmut erst viel später erzählte, wäre es im Zusammenhang mit dem Leichenfund beinahe zu diplomatischen Verwicklungen mit unserem Nachbarstaat Österreich gekommen.
Was war geschehen?
Das Gröbste war ja erledigt und es galt nun, die Identität des Verstorbenen festzustellen. Wahrlich keine leichte Aufgabe.
Doch stellte sich bei der Auswertung der Vermisstenfälle aus der Region folgendes heraus:
In der an den Leichenfundort angrenzenden Nachbargemeinde Jungholz wurde seit über einem Jahr ein Hotelgast vermisst. Dieser war zu einer Bergtour in das besagte Gebiet aufgebrochen und von dort nicht mehr zurückgekehrt.
Die gesamten Umstände und die Beschreibung des Vermissten legten den Verdacht nahe, dass es sich um jene Person handeln könnte, deren sterbliche Überreste gefunden wurden.
Weißenbach machte sich daher am kommenden Tag mit einem Kollegen umgehend auf den Weg nach Jungholz, um dieser Spur nachzugehen.
Nach deren Zeugenbefragungen stand am Ende fest, dass es sich tatsächlich nur um die Gebeine des Vermissten handeln konnte. Die Beschreibung der Bekleidung und Ausrüstung des Vermissten waren mit den am Fundort noch aufgefundenen Teilen jedenfalls identisch.

Der über 60-jährige Mann stammte aus dem norddeutschen Raum und war ins Allgäu gekommen, um hier in entspannter Atmosphäre seiner schriftstellerischen Tätigkeit zu frönen.
Da keinerlei Anzeichen für Fremdeinwirkung vorlagen, war in Anbetracht auch der langen Liegezeit davon auszugehen, dass der Mann eines natürlichen Todes gestorben war.

Wohl wissend, dass die Enklave Jungholz zwar deutsches Wirtschaftsgebiet, in das man als Privatperson damals schon ohne Grenzformalitäten einreisen konnte, aber es sich andererseits um österreichisches Staatsgebiet handelte, verdrängte mein Kollege vor lauter Tatendrang bei seinen Ermittlungen diesen bedeutsamen Umstand.

Als sogenannter Hoheitsträger hätte er als bayerischer Beamter, in Ausübung des Amtes nie die Grenze überschreiten dürfen. Die Anfrage an die österreichischen Kollegen um Amtshilfe wäre zwingend geboten gewesen.

Vermutlich scheute er aber damals den langen Amtsweg, der sich in diesem Falle zwangsläufig aufgetan hätte...

Als am Abend die österreichischen Gendarmen (so hießen die damals) ihre Routinekontrollen in den Jungholzer Gasthäusern und Übernachtungsstätten durchführten, erwähnte eine Wirtin völlig arglos, dass heute schon einmal Kriminaler dagewesen wären.

Die Gendarmen wollten von ihr, ebenfalls völlig arglos, wissen, ob es Kollegen aus Innsbruck gewesen seien und dann, warum?

Als sie ihnen sagte, dass es welche aus Kempten gewesen seien, war der Eklat perfekt.

Eklat!

Die österreichischen Kollegen waren entrüstet! Sie wussten nichts - man hatte sie übergangen!

Ein klarer Fall von Grenzverletzung durch einen bayerischen, nein einen deutschen Hoheitsträger, der schon aus historischen Gründen - auf keinen Fall - geduldet werden konnte.

Damit kam die Angelegenheit doch noch auf dem vorgeschriebenen Dienstweg in umgekehrter Richtung nach Kempten zurück.

Außer einem gehörigen Anpfiff von seinem Dienststellenleiter blieb die Angelegenheit für Weißenbach ohne disziplinäre Folgen.

Und: Aus ermittlungstechnischer Sicht hatte sich der Ausflug ins tirolerische Jungholz ja doch gelohnt...!

Kein Mord.

Wer hätte den Mann dort auch hinaufschleppen und ihn dann oben umbringen sollen...?

∗

Eine kleine Anekdote zu meiner Zeit in Hindelang, die aber nicht im Entferntesten mit Kriminalistischem zu tun hat:
Es ist Donnerstag, der 24. Juli 1969.
Der Tag der Rückkehr der drei amerikanischen Astronauten vom Mond auf den Planeten Erde: Landung der Apollo-11-Kapsel im Pazifik. Das Ereignis war nicht nur in der BRD im Fernsehen übertragen worden.
So hatte dieses sich auch eine Gruppe Jugendlicher angesehen und gefeiert. Bier und ein paar Gläschen Obstler erheiterten sie, worauf sie zu späterer Stunde etwas lautstark durch die Gassen des Bergdorfes zogen.
Es gab aber auch Leute, die einfach nur den Schlaf der Gerechten genießen wollten, und irgendeiner von ihnen hatte die Polizei verständigt.
Die Grenzpolizeistation Hindelang. Besetzt mit zwei Mann!
Polizeimeister Simmerl und ich, der Wachtmeister der Bereitschaftspolizei!
Simmerl!
Ein kleiner, untersetzter Mann, war als einfacher Soldat Überbleibsel des Weltkrieges.
Nie Parteigänger gewesen, hatte er sich, nachdem die Bundesrepublik aus der Taufe gehoben war, bei der neu aufgestellten Bayerischen Grenzpolizei beworben. Zweimal hatte er den Anstellungslehrgang nicht geschafft. Aber er war damals als Polizeibeamter h.c. in den Staatsdienst übernommen worden. Zwischenzeitlich erfuhr er sogar eine Beförderung zum Polizeimeister, seine erste und letzte.
Trotz allem ein passabler Polizist - ich mochte ihn!
Und wir beide hatten Dienst!
Zu Fuß machten wir uns auf den Weg, die Burschen zu finden.
Nichts leichter als das.

Wir mussten nur dem Geschrei und dem Gejohle nachgehen. Am Dorfbrunnen, mitten im Ort, trafen wir auf sie. Es waren etwa zwölf bis fünfzehn grölende Jugendliche, beinahe schon Männer.

Nichts für zwei eher kleine Polizisten - Simmerl vielleicht 170, ich (damals) 174 cm groß.

Doch Simmerl kannte seine Konsorten. Einen davon griff er sich:

»Gell, du kennsch mi, oder? Weil i kenn di au!

Bloß, dass du's woisch, i dua dir nix.

Aber du woisch au, dass i dein Vadder kenn, und dem verzähl i des. Und was dann los isch, des woisch auf jeden Fall, oder?«

Das Gegröle war zwischenzeitlich verstummt. Ein bisschen Respekt hatte man damals noch vor den Grünen.

Der Angesprochene zu seinen Freunden:

»Kommat! Sind mr a bitzla leiser und gangat doch liaber hoim, oder?«

Der Konflikt war somit mit einfachen, doch klaren Worten gelöst!

Damals ging das noch so...

*

30 Jahre später!

Wieder ein Skelett!

Wanderer, Pilzsucher, die im Birkenmoos zwischen Immenstadt und Rettenberg unterwegs waren, hatten den Fund von Knochen gemeldet. Knochen!

Nicht, dass daran etwas besonders wäre: Knochen kann jedermann, der mit offenen Augen durch die Welt geht, in Wald und Feld finden. Doch in diesem Fall stolperten die Finder bildlich gesprochen über einen knöchernen Schädel und dieser erinnerte sie an einen menschlichen...

Genaueres wusste natürlich noch niemand...

Freitagnachmittag und ich werde gefragt, ob ich denn noch Zeit und Lust hätte.

Natürlich sage ich »ja«, und rufe zu Hause an, dass es schon wieder einmal später werden würde.

Auf der B19 fahre ich in Richtung Sonthofen und biege auf Höhe Immenstadt von der Bundesstraße in die sogenannte Birkenallee, die Staatsstraße St 2006, ab.

Dort erwarten mich die Kollegen der dortigen Polizeiinspektion.

Ich sehe ihren Wagen am rechten Straßenrand zwischen der Abfahrt Rauhenzell und der Kreuzung zur Straße in Richtung Burgberg, und stelle meinen dahinter ab. Ein Kollege führt mich zum Fundort.

Bevor ich mich mit ihm auf den Weg mache, ziehe ich mir die immer im Tatort-Kombi mitgeführten Gummistiefel an. Auch der Kollege trägt welche: Wir wissen: Das Gelände ist schwierig.

Moor - und keiner hat Lust seine normalen Klamotten zu versauen!

»So, jetzt kennst di ja aus, mir fahrat nocha. Mir hand Schichtwechsel und wollat dann hoim! Pfiat di!«

Der Kollege führt mich direkt zu dem Schädel, den die Pilzsucher gefunden hatten.

Nun stehe ich also, ca. 50 bis 60 m nördlich der Staatsstraße 2006 im Wald.

Jetzt bin ich alleine, was mir meistens lieber ist - keiner fragt, keiner nervt - und ich beginne...

Der Schädel, tatsächlich augenscheinlich ein menschlicher, ist nur halb ins Moos eingewachsen, doch der Oberkiefer mit Zähnen ist erkennbar. Wenige Rippenbogen und andere Knochen sind ebenfalls im Moorboden sichtbar.

Neben anderen Dingen, nicht einmal einen Meter vom skelettierten Schädel entfernt, gibt es eine Besonderheit: Eine schräg, ebenfalls ins Moos eingewachsene Glasflasche. Tiere haben so etwas seltener bei sich. Der Hals der Flasche, 0,75 l mit Schraubverschluss, ragt aus dem Moos heraus. Als ich diese später herausziehe, zeigt sich, dass sie einen wenige Zentimeter hohen klaren Inhalt mit einem weißen Bodensatz enthält.

Von einem eventuell vorhanden gewesenen Etikett ist zwar nichts mehr zu sehen, doch dürfte der Inhalt hochprozentig gewesen sein. Und der Bodensatz spricht auch Bände: vermutlich aufgelöste Medikamente...

Auch finde ich hier, etwas weiter weg, einen alten Lederschuh, also eigentlich nur dessen Sohle mit Absatz, ebenfalls ins Moos eingewachsen.

Nun suche ich, in diesem Fall zunächst systematisch vom Totenschädel ausgehend, spiralförmig das Gelände ab.

Hierbei stoße ich auf alles Mögliche. Weitere Rippenbögen, Wirbel- und andere Knochen und auch auf Dinge, die eindeutig nichts mit dem Fund zu tun haben.

Der wichtigste Fund für mich in diesem Moment ist ein hufeisenförmiges Gebilde mit einem zum Kreis gedachten Durchmesser von rund vier bis fünf Zentimetern, welches an den offenen Enden kleine Höcker aufweist.

Dieses Etwas fühlte sich so an und hatte auch das entsprechende Aussehen:

Ich hielt es daher für Knochen- und/oder Knorpelmasse und damit für das Zungenbein!

Aber was noch wichtiger war: Es schien offenbar intakt, also nicht gebrochen, zu sein! Weder das Bein selbst noch die sogenannten Hörner. Indiz dafür, dass der Mensch, bei dem es ursprünglich den Kehlkopf umspannt hatte, zumindest nicht erwürgt oder erdrosselt worden war.

Alles, was mich an Überreste eines Menschen erinnert, sammele ich ein...

Die einzelnen Funde vermesse ich von der Lage des Schädels ausgehend.

Als Fixpunkte wähle ich mir, um das sogenannte Dreiecksmessverfahren anwenden zu können, zwei markante Bäume.

Bäume, die nach meiner Einschätzung noch Jahrzehnte, sollten sie nicht bewusst gefällt werden, hier stehen und damit wieder nachvollzieh- und damit auffindbar sein würden.

So komme ich schlussendlich auf eine Fläche von gut über 100 Quadratmeter, nicht mit geradlinigen, sondern unregelmäßig verlaufenden Grenzlinien, auf der ich die augenscheinlich menschlichen Überreste eingesammelt habe.

Ergebnis der nachfolgend zwangsläufig gerichtsmedizinisch durchgeführten Befunde und Analysen:
- menschliche Überreste.
- Zungenbein - intakt.
- sicherlich schon lange Liegezeit der Knochen.
- keinerlei mechanische Beschädigungen an vorgefundenen Rippen- oder anderen Knochen.
- Flascheninhalt: Hochprozentiger Obstschnaps mit dort aufgelösten Barbituraten.

Wiederum wohl ein menschliches Schicksal!
Wie es sich dem Auge des erfahrenen Betrachters bietet:
Offensichtlich ein Suizid durch Einnahme eines Cocktails aus in Alkohol aufgelösten Medikamenten. In der vielleicht von ihm geliebten freien Wildbahn und der Hoffnung, nie gefunden zu werden...!
Letzteres wäre dem Mann ja fast gelungen.

Seit seinem Verschwinden im damaligen Spätsommer waren nämlich schon weit über 20 Jahre vergangen.
Wenn nicht die Pilzsammler über ihn gestolpert wären...

Doch auch vor 20 Jahren wäre von diesem Menschen, ausgehend vom Spätsommer und damit vielleicht schwülem Wetter mit Gewittern, an diesem Ort, mitten im moorigen Wald, nach rund vierzehn Tagen auch nicht viel mehr übriggeblieben, als vorgefunden. Einen Unterschied hätte es geben können: Die räumliche Ausdehnung des Fundortes wäre vielleicht nicht so groß gewesen.

Die Erklärung hierzu:
Es gibt Tiere, vor allem kleine, die einen sogar noch nicht einmal toten Körper befallen. Die ersten sind in aller Regel Fliegen. Schmeißfliegen und andere... Und alle besitzen ungeahnte Fähigkeiten: Sie können einen solchen Körper über 400 m Entfernung wahrnehmen, d. h. rie-

chen. Dies entspricht bei der rund einen Zentimeter betragenden Länge einer solchen Schmeißfliege dem 40.000-fachen ihrer Körperlänge.
Dem Wolf und damit auch dem Hund werden annähernd drei Kilometer Reichweite seines Geruchsinnes nachgesagt. Das ist das lächerliche 2- bis 3.000fache seiner Körperlänge.
Fliegen wollen, wie alle anderen Lebewesen auch, nur eines: Die Erhaltung der eigenen Spezies - ohne dies aber bewusst zu tun!

Folge:
Paarung, dann Eiablage. Mehrere hundert können dies pro Fliegenweibchen sein - hier auf diesem Körper - und eine Fliege kommt selten allein.
Bevorzugte Stellen der Eiablage: Offene Wunden und natürliche Körperöffnungen, wie Mund, Nase, Augen und andere...
Aus den Eiern schlüpfen Maden. Und auch diese haben nur eines im Sinn: Fressen, fressen, fressen..., wachsen, wachsen, wachsen, dann Verpuppen und sich zur Fliege zu verwandeln!
Und der Kreislauf beginnt von vorne...
Aber es sind nicht nur die Fliegen. Auch anderes Getier, ob zu Fuß vom Boden aus oder aus der Luft herab, labt sich an einem toten Körper.
Dadurch kommt es in einem unbestimmbaren Umkreis zur Verschleppung von Körperteilen.
Der normal einsetzende Verwesungsvorgang tut dann sein Übriges.
Am Schluss bleiben nur die Knochen übrig...

Für Kriminaler wie Gerichtsmediziner ganz normal:
Der Umgang mit dem Tod.

Oft schrecklich - abscheuliche Bilder, doch eben die Realität - und damit doch manchmal auch ein bisschen belastend...

Auf jeden Fall aber prägend...!

Ein Dankeschön:

Allen, die mich überhaupt auf die Idee, ein Buch zu schreiben, gebracht haben.
Dazu gehört vor allem meine Frau, die mich darin bestärkt hat: Du hast jetzt doch Zeit...
Nicht unerwähnt lassen möchte ich aber auch meine Söhne. Als sie im Kindesalter gefragt wurden, wo ihr Vater denn sei, hätten sie oft gesagt: *„Der Papa hot scho wieder a Leich!"* - fast der Titel der ersten Geschichte. Und so mussten die drei manches mit mir mitmachen bzw. meine Abwesenheit erdulden.
Dank an meinen Lehrmeister und langjährigen Kollegen Helmut Weißenbach.
Der geht auch an die Damen und Herren des Instituts für Rechtsmedizin der LMU München und hier im Speziellen an dessen damaligen Vorstand, Prof. Eisenmenger, der mir in manchen fachlichen Fragen beste Unterstützung zukommen ließ und natürlich an seinen Nachfolger, Prof. Matthias Graw.
Erwähnen möchte ich hier aber auch besonders Dr. Oliver Peschel sowie die gesamte Mannschaft der Präparatoren, mit denen ich zu tun hatte. Dank posthum auch an die verstorbenen Dr. E. Höhmann († 2011) und Prof. W. Spann († 2013).
Dank allen, deren Namen ich in diesem Büchlein nennen darf - und nicht vergessen darf ich vor allem meine liebe Hauslektorin und Nachbarin Dagmar Frey!
Ein Dank auch an den Verlag Tobias Dannheimer, der die Realisierung möglich machte.

Allen von Herzen einen aufrichtigen Dank!